女の子に伝授したいこと

この世でいちばん美しいのはだれ？

神崎　恵
Megumi Kanzaki

ダイヤモンド社

「この世でいちばん美しいのはだれ？」

白雪姫の継母が言う、とても有名なこのセリフ。知らない人はいないでしょう。
この世の中でいちばん美しくありたい。そのためだけに、美しい娘を殺してしまおうとする女。

「美しい」ことには魔力があります。
美しいだけで、とりまく人たちが優しくなる。
好きな人に、好きになってもらえるという奇跡が頻繁に起こりやすくなる。
欲しい夢やものに手が届きやすくなる。

そしてなにより、「美しい」と言ってもらえる心地よさが女を魔女に変えるのかもしれません。

幼いころは、この継母をただ悪者だと思っていました。

でも最近、この継母について、「どんな気持ちでこの言葉を言ったんだろう？」と考えます。

年齢を重ねるごとに、女は見た目を変えていきます。

薄れていく透明感。日に日になくなっていくツヤやハリ。

変わっていく自分と、ますます美しくなる白雪姫を比べ、焦りや不安、みじめさなどに心を侵食されたのでしょう。

でも、人は誰しも歳をとります。
ずっとそのままでいることはできません。
白雪姫だって、美人コンテストの世界大会の優勝者だって、みな必ず歳をとるのです。

私には、3人の息子がいます。男なりの大変さや悩ましさがあるようですが、彼らとはまったく違った、女の悩みの重さを感じずにはいられません。自分の「綺麗」について悩まない女はいません。

けれど、綺麗は、自分のための力にもなります。女の毎日を、生きやすく、鮮やかにしてくれるのも、また綺麗なのです。

もし娘がいたら、教えたい、伝えたいことが山ほどあります。

はじめに

たとえば、私がずっと偏見をもっていた美容医療。でも、まだ肌が綺麗なうちから、できたシミはなるべく早くとってしまったほうがいいとか（美しい肌が長持ちします）。

好きな人ができたら、髪にヘアアイロンをかけてツヤをだし、毛先はワンカールするようにとか（大切に育てられた雰囲気がでて、丁寧に接してもらえるからです）。

乳液は20代までで、30代からはクリームがいいとか（もっちりやわらかく、幸せそうな肌になるからです）。

10代、20代は自分の生まれ持った顔や容姿について、とても悩む年頃です。でも30代半ばを過ぎると、生まれ持った顔より、持つ雰囲気のほうがずっと重要になります。あんなに悩んだ顔はそんなに関係なく、ここからは、綺麗になるセンスを磨いてきた人が輝き始めます。

生きていく中で、女として知っておいたほうがいいことがたくさんあると44歳になる今、深く思います。

美しさ、容姿だけを気にして生きていけ、という意味ではありません。

でも、女の人生に「可愛さ」や「美しさ」がつきまとわないことはありません。

だから、それに対処する武器を持たないまま生きていくのは、しんどすぎるのではないかと思うのです。

先ほど、センスは磨くもの、と言いましたが、センスは知識と行動です。

特に、メイクやファッションは、知って実践すると確実に身につきます。

自分を最大限美しく見せる方法は、女ならみな持てるものです。

この本は、もし私に娘がいたら、そして妹のような年下の友人たちに伝えたいことを書きました。

もちろん、今私も実践していることでもあるので、私と同じ世代や、上の世代の方々にも取り入れていただけるものです。

私たちの美しさは、今、この瞬間の行動で決まります。
美容は、気がついたとき、即行動することが大切です。

この世でいちばん美しいのはだれ?

幼い頃から、なぜか頭にこびりついているこのセリフ。
この世でいちばん美しくなる必要なんてありません。

ただ、いくつになっても、今の自分に胸をはれる自分でいられるように、
人生が大変なときも、楽しいときも、「今の自分がいちばんいい」と思えるように、美しさという武器を持ちましょう。

この本が、現実に立ち向かう力のひとつになれば、これほど嬉しいことはありません。

はじめに

CONTENTS

第1章

女

第2章

変身

第3章 色

第4章 感じる

第5章

自分

第6章

育てる

第7章

歳をとるということ

第8章 男

序　章

そもそも、美人とはなにか

そもそも、美人とは何でしょうか？
この章で、美しい目や鼻や、眉とは一体なんなのか
まず基準を知りましょう。

美しい目とはなんでしょうか

目は大きければ大きいほどいいと思っていませんか?

実は、大きさは関係ありません。重要なのは、大きさではなく形です。形が綺麗なら、目は美しい。美しい目があれば、顔は10倍は綺麗に見えます。

それでは、どんな形の目がいいでしょう。それは、横に長い目です。

大抵の人は、縦幅を広げることに執着しがちです。でも縦幅だけを頑張って広げてしまうと、日本人特有の平坦な顔と合わず、無理している感じが出て、痛々しく見えてしまうこともあります。

ビューティ誌で活躍しているモデルを見ても、それは鮮明にわかります。

森絵梨佳さん、鈴木えみさんらは、目が印象的なモデルたち。彼女たちは、縦幅が広いと思いきや、実は横幅が広いのです。この目は、さまざまな色やラインが似合いやすい目です。**つまり、この目を持つことで、どんなメイクもできる顔になれます。**

まず、ビューラーのかけ方が何よりも大切です。縦に縦にと頑張ってしまうと、びっくりしたような、見開いた目になってしまいます。**横幅を広げるには、目頭と目尻を放射線状に開げること。真ん中の毛よりもこちらの方が大切です。**

まつげを、目頭、中央、目尻と3ブロックにわけます。そして、ビューラーもそれぞれのパーツごとに行いましょう。中央からはじめます。まず中央を上むきに上げ、次に目頭は鼻むき、目尻はこめかみ側にビューラーを抜きます。

このとき、一重や奥二重の人は手首を全部返し、二重の人は、手首を半分だけ返します。根元から3、4回小刻みに挟んでずらしましょう。

その後マスカラを全体につけ、目頭と目尻に3、4回重ねづけします。こうするとサイドに長さが出ます。このときブラシの向きは、少し斜め上の、時計でいうと10分と50分の角度にし、引き上げるようにします。これで、長さがかなりでます。

さらに長くしたいなら、アイラインを足しましょう。目の縦幅がない人は、目頭からすべて引き、目尻を3ミリはみ出します。こうすると、縦にも大きく見えます。もともと縦幅がある人は、目尻から3ミリ出すだけにしましょう。このようにつくったアーモンドのように横に丸い目は、日本人に合った、独特の色っぽさを生みます。

やっぱりまつげは大切です

まつげが濃いと、眼差しの印象が深く神秘的になります。

もちろん、顔全体の立体感も出ます。目の幅が増えることで、顔の中の肌の面積も狭くなるから、小顔にも見えていいことずくめ。

まつげは濃く、多いに越したことはありません。

まず、メイクでまつげを多く濃く見せるなら、やはりマスカラを味方につけることです。前の項目では、普段の美しい目を紹介しましたが、この項では、今日はまつげを長く見せたいと思う日の特別な方法をお知らせします。ボリュームマスカラとロングマスカラのふたつを使います。

まずは、ビューラーで根元をしっかりはさみ、3、4回毛先に向かって挟む位置を変えながらカールをつくりましょう。その際、手のひらを返すようにします。手のひらは返せば返すほど、カールが大きくなります。

カールができあがったら、ボリュームマスカラのブラシをぐっと根元とまぶたの粘膜につくくらいに入れ込み、まつげの真ん中くらいまでマスカラ液をつけます。**ボリュームマスカラの役割は、まるでアイライナーのラインのように、根元をマスカラ液で埋めること。**粘膜のぎりぎり上までつけましょう。そしてまつげの根元から中心までの太さをだしてください。

ここまでできたら、ロングタイプのマスカラに替えます。真ん中から毛先に向かって、すっと天に向かって抜くように液をつけ長さをだしていきます。こうすることで、毛先の繊細さもだすことができます。また、目頭や目尻のまつげにはブラシを縦に添え、1本1本丁寧にマスカラ液をつけましょう。

また、まつげは髪と同様、年々薄く細くなっていってしまいます。「毛」のケアは、気づいたらなるべく早く着手しましょう。

まつげは、まつげ用美容液を朝と夜に塗ります。顔全体のスキンケアの前に根元から毛先までたっぷりと塗布しましょう。美容液はドラッグストアやバラエティショップなどで気軽に買えます。今の自分のまつげにハリツヤをだしながら、健やかな状態を保てます。

もう少し欲張って、長く、濃くしたいなら、美容皮膚科や眼科でまつげを伸ばすセラムを購入しましょう。寝る前にまつげの根元に丁寧にのせることで2、3週間後には、生まれ変わったような長いまつげになります。

そして、一生まつげの濃さや長さを守りたいなら、マスカラは断然お湯で落ちるものを使いましょう。そうすれば、クレンジングの際ゴシゴシと力を加えなくてよくなります。クレンジングは刺激の強いものなので、クレンジング剤を使わなくてもいいことは、まつげと目のまわりの肌を守るためにとても重要です。

ハイライトとローライトを身に着けておく

ハイライト

美人に見せるために絶対に必要なのが、ハイライトとローライトです。**まず、ハイライトは、顔の高い部分をより高く見せてくれるもの。**光をあてたように美しくツヤめいて見せるのも魅力です。

ハイライトは、肌にのせたときに透明感とツヤがでるものを選びましょう。磨いたようなツヤがほしいなら、繊細なパールが入ったパウダータイプがおすすめです。色っぽく濡れたようなツヤが欲しいならクリームやリキッドタイプを選びます。好きな方を選んでください。色は、肌の色を薄くしたような色、またはほんのりピンクのものが肌を綺麗にみせます。

入れる部分は、顔の中の高くなっている部分ならどこでもＯＫです。鼻筋にすっとのせれば鼻が高く見えるし、頬にのせれば、頬がきゅっと高く丸く見えます。これから、本の中でさまざまな使い方をご紹介します。

ローライト

ローライトは、ハイライトの反対の役割です。影をつくり、さらに顔の立体感を深めます。骨格をも変えて見せてくれるのがローライトです。シェーディングやコントワリングという名前でも売られています。パウダーでもクリームでもいいですが、パールやラメが入っていないものを選ぶこと。カフェモカくらいの色を選びましょう。このくらいの濃さを肌にのせないと、影になりません。

ローライトの基本の使い方は、鏡に自分の顔を映し、それを見ながら、自分の理想の顔の小ささを思い描き、そこよりはみ出ている部分にのせること。また、モデルや女優がみんなやっている使い方に、額からもみあげにかけての髪の生え際に、ローライトをなじませると驚くほど小顔になるというのもあります。

眉頭の下もおすすめです。ほりを深く見せ、目をくっきり見せます。

ハイライトとローライトは光と影。このふたつを顔の中に仕込むと、顔が立体的になり、パーツがはっきりし、小顔に見せることができます。

最高の鼻になる

顔の中で難しいパーツのひとつが鼻。

顔の中心にある鼻は、どうしてもいちばん目立ちます。だから、メイクの最後に微調整すると顔が数段綺麗に仕上がります。

鼻に関して、どうしても覚えておきたいことがひとつ。

それは、「鼻だけは人工的なもので高くしないこと」です。

たとえば、ヒアルロン酸やシリコンなどの人工的なもので、鼻筋や鼻先を高くしようとすると、顔のバランスが崩れます。高くなることで、目と目の距離が近くなったり、不自然なつんとした角ができます。つまり、鼻に何かをしてしまうと、顔がとたんに、「人工的な顔」になります。鼻だけは、持って生まれた自分のものをメイクで調整するのがいちばんベストです。

その「やりすぎない」を前提にして、最高の鼻をメイクで微調整しましょう。コンシーラーを使って、鼻の高さを浮き立たせ、形を整えるのが目標です。目標は、細い鼻筋、小さな小鼻、小粒のパールのようにつるんと小さく透明感のある鼻先です。ポイントは、**高さではなく、形と立体感を意識することです。**

まず、用意するのは、コンシーラー2本です。自分の肌より明るい色と、暗い色を用意しましょう。安いものだとドラッグストアに200円くらいで売っていますので、2本用意すると、本当に綺麗に見えます。パレットにこの2色が入っていれば、それでもOKです。

まず、明るいコンシーラーを眉間から鼻先まで、顔の中心にすっと細くいれます。1ミリ幅くらいの細さでのせて、指の腹でとんとんとなじませましょう。ここが太くなるとごつい顔になってしまうので、絶対に広げないようにしましょう。そしてそれをなじませた指のまま、小鼻のいちばん高い部分にものせます。余ったコンシーラーをのせるのです。小鼻の小さな丸みが綺麗に見えます。

次に、同じく明るいコンシーラーをとり、小鼻の横のほうれい線の溝に1センチほどのせてなじませます。こうすると、小鼻の溝が浅くなり、透明感があがります。**ほうれい線の始まりを消すことで、目立たなくもなります。**

次は、眉頭の下から目頭まで、暗いコンシーラーを縦に2センチほど引いて、とんとんと指の腹でくっつけるように肌となじませます。これで、鼻のつけ根に自然な影ができて、立体感がでます。仕上げにフェイスパウダーを小鼻だけに押しあてます。毛穴やテカリが消え、清潔感のある端正な小鼻が仕上がります。

コンシーラーを気軽に使えると便利です。毛穴やムラを隠してくれるのがコンシーラー。肌を綺麗に見せてくれる強い味方です。コンシーラーはリキッドファンデーションの場合は後に、パウダーファンデーションの場合は前に、つまり「粉もの」の前に使いましょう。消したい部分の上にのせてくっつけるだけで、それ以上触らないこと。伸ばさないように気をつければ、簡単に使えます。

チークは、幸せを匂わせる役目

可愛いとか、性格がいいとか、女性にはいろいろな魅力があるけれど、その中でも何が最強かといったら、「幸せな女」です。**結局、幸せな女には誰も勝てません。**

では、どうやって、幸せな女になるのか。

肌の質感や唇の立体感など、幸せを感じさせるポイントはいくつかあるけれど、その代表といえば、「チーク」です。

ただ頬が染まるだけで、顔は生まれ変わります。

色づいている頬は、顔全体の立体感を増し、顔を小さく見せ、たとえ無表情のときだって、微笑んでいるような、あたたかみのある顔になります。

自分の顔を「幸せ」にする入れ方を覚えておきましょう。

必要なのは、チークにプラスして、クリームタイプのハイライトです。**ハイライト**

のひと手間が、そのチークを特別にします。

まずは、ハイライトを頬に広げます。ニコッと思い切り微笑んで高くなる部分に、広めに、スポンジや指の腹でとんとんと軽く肌にくっつけていく感覚で広げましょう。上唇より上くらいの高さにまで広く、丸く入れてください。ハイライトは光を集めるので、頬の立体感を際立たせます。丸みが浮き立つのです。また、ツヤと透明感もつくります。

つぎにチークを重ねていきます。このときの場所がとても重要です。

まず、顔をまっすぐに向け、黒目の下の線と、小鼻の中心と耳を結ぶ線がクロスする点を見つけます。

この点を中心にして、500円玉サイズの倍くらいに広げます。このとき、面長の人なら、500円の上と下を広げるようにやや縦長に、短く丸い顔なら、500円の左右を広げるように、横長の楕円になるように広げましょう。卵型ならそのままでOKです。パウダーチークならブラシで、クリームチークならスポンジや指の腹で、中心からナルトの渦のように描き、グラデーションになるように広げましょう。

いいあごは小さくてつんととがっている

綺麗にととのった顔の輪郭は、顔全体を綺麗に見せます。でも、綺麗な輪郭ってどう手に入れたらいいのでしょうか?

そこで重要なのが「あご」です。あごがいい形をしていると、顔の輪郭は美しくなります。もちろん、フェイスラインもきゅっとしまって見えます。

あごというものは、加齢とともにたるんでいく頬の肉になじんでしまい、見えなくなっていきます。そうすると、顔自体が大きく、顔全体がもったりした雰囲気になります。**目指したいのは、45度のあご先。**このつんととがった小さなあごが美しいです。

ぜひ、美しいあごを手にいれるメイクを覚えましょう。

用意するのは、ハイライトとローライトです。

特に大事なのはローライトです。大胆に入れることが大切です。

まず、ローライトであごに45度の角を描きます。自分のあごの大きさに関わらず、描いてください。それをフェイスライン側になじませましょう。その後、その角の先っぽに、ハイライトを1センチくらいの大きさの丸い円になるように置きます。そこから、そのサイズを崩さないよう、とんとんと指で密着させて完成します。

ローライトで影を、ハイライトで光をつくると、きゅっと小さくとがったあごが仕上がります。こうすることで、フェイスラインもすっきり、顔の形も見違えて美しく見えます。

ローライトは45度になるように、
ハイライトは1センチくらいの
丸い円をおく

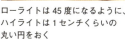

今日の私は「淡い私」か「鮮やかな私」か選ぶ

まず、メイクをする前に、服を選びましょう。

顔は服とのバランスあってこそ、美しく仕上がります。

服を選ぶときは、「今日一日どんな自分で過ごそう」と考えます。それは、コスプレのようなもの。まず一日のテーマを立てましょう。

そうやって服を決めた後、メイクの前に自分に問いかけてください。

それは「今日は淡い私でいく？　鮮やかな私でいく？」です。

たとえば、こんな感じです。

もし、淡いクリーム色のブラウスにやわらかなベージュのパンツを履くと決めたとします。ここで、「今日は服と同じように、ベージュの淡いトーンの顔でいく？　それとも、逆に深いブラウンレッドのルージュで鮮やかな顔でいく？」などと問いかけます。このどちらのメイクも服に合い、美しく見えるでしょう。でも、まとう雰囲気は別人です。メイクが印象を大きく決めるのです。

淡くやわらかな自分。ときにドラマティックな自分。毎日、着せ替え人形のように自分を想像し、選んでいきましょう。

服を着るときは
髪とメイクも考えないと
本来の半分の可愛さも出ない

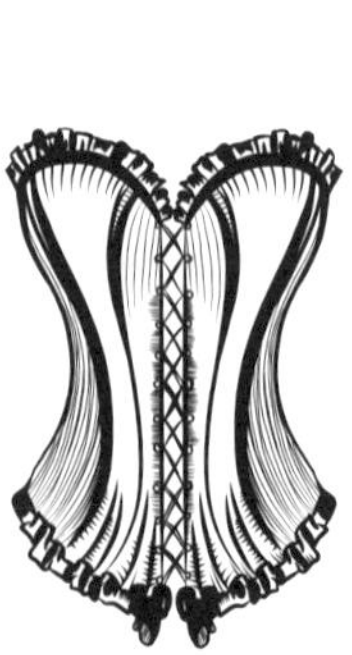

朝支度をするとき、服、メイク、髪の順で決めていくのが一番可愛くなります。また、この3つを組み合わせて考えていないならば、本来の可愛さの半分も表せていないかもしれません。ぜひ、これらを関連づけて組み合わせていくクセをつけましょう。

まずは、前ページでお伝えしたとおり、服から考えます。

服を着たら、ざっくりその服の雰囲気を言葉にしてみましょう。女っぽいのか、可愛いのか、ハンサムなのか、ヘルシーなのか。

ここまでできたら、今日の自分のトーンを考えます。

前の項目にあった淡い女、鮮やかな女のページで説明したように、今日の自分は優しい淡い雰囲気なのか、華やかな鮮やかさでいくのか、今日の雰囲気を決めましょう。

今日の雰囲気を決めたら、ここで、メイクの色を、服の色から考えます。

まず、色の考え方ですが、色にはそれぞれの雰囲気があります。ピンクなら可愛い、レッドなら女っぽい、ベージュなら洗練さ、といった具合です。世間一般が考える色の雰囲気が、あなたがまとう色から出せます。それを念頭において、今日のトーンにあわせて色選びをしましょう。

この日、あなたが選んだのが、ベージュやブラウン、ブラックやホワイトなどのベーシックな服なら、メイクはどんな色でも合います。それ以外の服を着る場合は、メイクと色をリンクさせましょう。一体感が出て洗練されて見えます。ピンクや赤、パープルやオレンジといった、ルージュやチークにある色が服の中に入っていると、体と顔の色が喧嘩せず、おしゃれに見えます。

また、着ている服が、ブルーやグリーン、はっきりしたイエローなど、人間の体にない色ならば、同じ色で淡い色、もしくは、その色がほんのり混じっている色やグラデーションの中からコスメを選びましょう。

たとえば、ブルーなら、ブルーのアイカラーやミントブルーのアイカラー、あるいは青みを帯びたピンクのルージュなど、青みがかった色でもいいでしょう。イエローなら、黄味を帯びたオレンジブラウンのアイカラーというのもいい選択です。

色味が決まったら、決めた「今日の雰囲気」に従って可愛い顔か女っぽい顔かを決めます。

可愛い雰囲気にするなら、まつげがしっかり上がったメイク。女っぽくなら、横幅を広げるメイクをします。

まつげがしっかり上がったメイクのときは、チークは丸く、唇も中心がふっくらとするよう輪郭をオーバーラインでとったり、真ん中にグロスを重ねるといいでしょう。

横幅を広げるメイクなら、長めのアイラインをひき、マスカラも目尻に重ねづけなどすると可愛くなります。

次は、髪型を決めます。ここで決め手になるのは、「襟」です。

基本は、首元が詰まっていたら、髪はまとめます。首があいている服なら、髪は下ろしましょう。

ここでは、必ず鏡を見ます。

たとえば、ひとつ結びでも、ふんわりまとめるか、タイトにまとめるかで雰囲気が違います。髪を下ろすのも、巻くか、ストレートかでもまったく仕上がりが違います。

ここでまた必要になってくるのが「今日はどんな雰囲気の女になろう」というテーマです。

モードっぽくしたいときには、ストレートにします。まとめるときもタイトにし、おくれ毛もださないようにします。

逆に、ふんわりやわらかい雰囲気にしたいときには、髪に曲線をつくること。おくれ毛をだしたり、髪をひきだして、やわらかな雰囲気をだします。服でも髪でもやわらかい素材や曲線は女らしさを、硬い素材や直線は凛々しさをだします。

完成したら、必ず最後に全身を鏡で確認しましょう。

髪をつくると、メイクの見え方や雰囲気が変わるので、微調整をします。撮影でも、普段のメイクでも、見せ方のプロたちは、ここでの調整を忘れません。たとえば、ここで頭が大きく見えたなら、結び直します。もし顔がなんだか足りないなと思ったら、リップの色を変えます。顔色のトーンが落ちてみえたらチークを足しましょう。

少し離れて人と会う日なら、その距離で鏡に自分の姿を映し、目の印象を強めるため、アイラインを足したりします。

この方程式、最初は面倒かもしれませんが、クセにすると何でもなくなります。ぜひ、毎日をトレーニングだと思って過ごしてください。

顔を決めるのは唇

美人かどうかは、顔の下半分で決まります。マスクをしていると、美人に見えますよね。逆に、二重あごになるだけで、美人度は激減します。顔の下半分が、美しくあることは重要です。

顔の下半分の鍵になるのが唇です。

唇の形がふっくら大きく美しいと、肌色の部分が少なくなり、フェイスラインがすっきり見え、顔が小さく見えます。反対に唇が小さすぎたり、しぼんでしまうと、頬の面積が大きく見えたり、肌が広く、顔が大きく見えます。

唇は、年を重ねるほどにしぼんだり小さくなっていきます。**だから、唇を大きくつくれる技術は身に着けるにこしたことはありません。**唇を大きく見せる技を自然に使えるようになりましょう。

用意するのは、コンシーラーと、リップブラシ、マットな口紅です。色は何でも大丈夫。リップブラシは持っておくと、品がよくて綺麗な唇をつくれます。今日は「上品に見せたい」と思った日などは、リップブラシで塗るだけでも違って見えます。

まずは、唇の輪郭と肌の境目をコンシーラーでなじませましょう。次にマットなルージュをブラシにとり、輪郭を綺麗にとって、全体を塗りつぶします。

この「輪郭」が重要で、上唇を1、下唇を1・6の比率にすること。普通、上唇の厚みが足りていない場合が多いので、その比率に合うようオーバーめにひきましょう。**自分の唇から少しはみ出させるのです。**

これだけで、面白いように唇はもちろん、肌までふっくらと見え、目まで大きく潤んで見えます。

ブレずに綺麗な輪郭を描くコツは、まず、机に肘をつくことです。また、口角から中央にむけブラシを動かす際、輪郭側に向かってテンションをかけましょう。

ぬくもりのある女っぽさをだしたいときは、上唇の輪郭を少し丸くふっくらと描き、シャープな女らしさをだしたいときは、ふっくらさせずに直線的に描くといいでしょう。また、この上からハーフマットなルージュをつけると、より自然に見えます。

眉は「自然」がいちばん大切

最後に、眉の上をペンシルで矢印のように描くと自然になります

眉について誤解している人がいます。眉は、綺麗に描かれた形の中を塗りつぶすものではありません。「左右対称にならなくて」と悩む人もいますが、よほど違うならともかく、左右対称だからと言って、いい眉ではありません。

では、どんな眉がいいでしょうか?

それは、「とにかく、自然」な眉です。

私は今まで5万人以上の眉に触れ、描いてきました。ここで、自信をもって言える、絶対に自然に見える眉の描き方があります。それが「毛植え」。

といっても、実際に毛を植えるわけではありません。**1本1本、欲しい部分に、まるで毛を植えていくように描きましょう。**眉は、毛流れを再現することで成功します。自分の眉を見てもわかるように、毛というものはしっかりと存在感があり、意外と密集していないものです。これと同じ線を描くのが成功の秘訣です。

もちろん、そのままだと、形としては不十分なので、そこで活躍するのがパウダーです。下にパウダーで色をつけておくと、よりリアルな眉になります。

自分の眉と見わけがつかない眉の描き方

それでは、具体的な方法です。

まず、フェイスパウダーを眉全体にかけます。これには、毛と肌をさらさらにして色をつきやすくふんわり仕上げる効果があります。その後、スクリューブラシで毛流れを整えます。アイブロウパウダーをブラシにとり、眉頭を除き、眉の底辺を横に一直線に描きます。この底辺は、しっかりと描いてください。眉の底がはっきりしているると、顔の骨格が綺麗に見え、目が大きく見え、顔全体が美しく見えます。**反対に、眉の底辺がブレたりしていると、なぜか顔全体が汚く見えてしまいます。**

底辺を描いたら、眉の中をアイブロウパウダーで色づけていきます。そして、最後に眉頭を、そのままのブラシで毛を立てるように、上に向かって動かし色をつけます。必ず、パウダーの色は足さないように注意しましょう。眉頭は薄いと自然に見えるからです。

こうやって色で眉のだいたいの輪郭を先につくります。そして、ここで、極細のペンシルで毛を1本1本描きたしていきます。

自分の毛をよく見てください。眉頭は上に、真ん中の方の毛は下から斜め&上から斜めに、眉尻は横向きか斜め下に向かって生えているはずです。その通りに、本物の毛と同じように描きましょう。最後に、眉の上のラインを描きます。**本来の眉の1ミリ上から、斜め下に向かって、斜線を描くように、ペンシルを細かく動かしましょう**(48ページの写真参照)。パウダーで色をつけた上にペンシルで毛を描くことで、本物の眉と見わけがつかなくなるほど自然になります。眉の中で線をひと筆描きしていいのは、最初の底辺だけと覚えておきましょう。

最後に、眉マスカラで、眉尻から眉頭に向かって逆毛を立てるように毛の裏側に色をつけ、次に眉頭から眉尻にむかって毛流れを整えるようにまた色をつけます。最後に眉頭の毛を上にむかって立ち上げましょう。

眉マスカラは、自分の眉より明るいブラウンを選びます。白や黄色っぽく見えたり、パールが入っているものは人工的なのでやめましょう。眉マスカラを塗ると、ペンシルで描いた毛を本物の毛と混ぜて、よりリアルに見せます。

そもそもなぜメイクをするのか

メイクとは、一体何のためにするのでしょうか？

メイクをする前に、考えておきたい問題です。

自分のためにメイクをする。それは正解です。でも、メイクとは、他の人のためにもするものだということも覚えておきましょう。必要なのは、相手の立場になって考えることです。

メイクは怖いもので、あなたをただの自己満足で終わる人に見せたり、反対に、対人関係の能力が高い人に見せたりします。

たとえば、仕事ならば、どうしたら安心してもらえるだろう、気持ちよく仕事をしてもらえるだろうと考えてメイクします。パートナーとの食事なら、彼が幸せな気持ちになってくれるメイクはどんなメイクだろう。彼の両親と会う日なら、ご両親に「この子なら」と安心してもらえるメイクはどんなだろう。

そのセンスを高めるには自分の心を観察することしかありません。

だれかのメイクを見て、「あ、この感じ素敵だな」と感じた相手のメイクを観察し、自分の中に書き留めて、真似てみましょう。こうすることで、だんだんとそのコツがつかめ、メイクのセンスが磨かれます。

可愛い子とは同じ土俵に立たない

だれかと自分を比べたら、落ちこむのは普通のことです。

これは、永遠に逃れられません。

だから、自分が持っていないものを持っている子とは、同じ土俵に上がらないようにしましょう。

可愛い子、スタイルのいい子、お金持ちの子……とにかく並ばずに、自分が勝てる土俵だけに上がればいいのです。

ブスも魅力

本気で笑っているときは、顔自体の精度でいったら「ブス」かもしれません。
でも、笑顔って最強に可愛いです。これは、老若男女、万国共通。
きゅんとする瞬間って、じつはこれです。
繕うことない瞬間の可愛さ。
「可愛い」ことがキュンとさせるのではないのです。
女としての魅力を一皮むくために、ブスも魅力としてとっておきましょう。

第 1 章

女

男にはない「女らしい」部分は、
私たちだけの武器です。
女らしさを出すのは、ツヤ、丸み、そして透明感。
これらを持つ方法は知っておいて損がありません。

透明感のある雰囲気を出すなら角質ケア

女は透明な肌を持っていたいものです。もし肌がくもっていたら、綺麗にファンデーションを塗っても、グレーがまざってしまったような肌の色になってしまいます。ただ肌の透明度が高いだけで、似合う色や服が増えます。また、オーラに透明感がある、品のいい女に見えます。こんなに得なことはありません。

透明な女になるには、なんといっても角質ケアです。

マスクや拭き取りなど、いろいろなタイプの角質ケアがあるけれど、日々のケアに簡単に投入できる洗顔か、美容液をおすすめします。どちらか一方でOKです。コスメの処方通りに行ってください。

洗顔なら、夜の洗顔のときに、酵素洗顔を週2回ほどしましょう。小鼻やあごなど、ざらつきが気になる部分を、指の腹で小さな螺旋をくるくると描くように少し長めに洗います。

美容液なら、毎日のスキンケアに入れてください。肌のターンオーバーを正常に促すのが角質ケアの美容液です。角質ケアのいいところは、肌の透明感がすぐ実感できるところです。毛穴を目立たなく、キメを細かく整わせ、内側からのハリも育てます。肌の代謝が上がるので、老化もゆるやかになります。

可愛かろうと、そうでなかろうと、
歳をとるとテクニックを持った人が
勝ちます

目鼻立ちが整っていて得をするのは20代前半まで。33歳からは、目鼻立ちが整っているかなんて、それほど重要ではなくなります。特に38歳が最後のボーダーライン。それが分かって技術を磨いている女の方が強いことは想像できるはず。可愛かろうと、そうでなかろうと、最終的にテクニックを持った人が勝ちます。

あんなに思春期に悩んだ顔の出来ですが、結局、30歳以降の重要なポイントは、「雰囲気」です。

なんだか可愛い、なんだか綺麗。こういう雰囲気を出すことが大切です。

そのために、なにをしたらいいかというと、肩幅、腰回り、肌、髪を整えることです。次の項目で、詳しく説明します。髪に関しては、85ページを参考にしてください。

肩が丸いとオバさんっぽく見える

まず、**肩幅です。肩幅で目指したいのは、ちょっと広めのかっちり肩です。この肩で、とにかく服が似合うようになります。服が似合うと、雰囲気がでます。**

理想の肩は、首の端から肩先までの幅が、顔の幅と同じくらいなこと。そして、肩の先はほどよく骨っぽくあることです。肩が丸いとオバさんっぽく、ダサく見えます。肩がかっこいいだけで、骨格全体が数段美しく見えます。そして、知的な空気も手に入る。そんな肩を手に入れるため、着る服でこう見えるように調整しましょう。

まず、自分の肩幅が狭いなら、パフスリーブや肩幅がしっかりあるデザインの、エッジの効いたものにしましょう。肩に立体感のあるものを選ぶと見違えます。

逆に、肩幅が広いなら、とろんとした、柔らかな素材のものを着ます。こうすることで、柔らかく見えるし、落ち感のある生地が肩を痩せて見せてくれます。もともとのかくっとした肩と、服の柔らかさが重なり、素敵な女っぽさがでてきます。

ウエストがくびれているだけで、顔はどうでもよくなる

次に、腰周りです。**どんなにぽっちゃりしていようと、平凡な顔であろうと、ウエストがくびれているだけで、「なんかいい女」に見えるのは間違いありません。**

実は、胴体が長い人はくびれやすく、胴体が短いとくびれがでにくいという傾向はあります。けれど、ウエストと腰周りを重点的にケアすると、くびれは育ちます。

まずはなんといっても毎日の半身浴です。毎日30分以上の半身浴をすると、血のめぐりが良くなり代謝も上がります。すると、腰回りに脂肪がつきにくく、ついている脂肪は取れやすくなります。そして毎日のマッサージも効果大です。

お風呂から上がったら、手のひらをウエストの端からぎゅーっと肉をおへそに集めるように何度も動かしましょう。そのあと、太ももから上に、肉を集めていくようにします。腰のあたりまでのイメージです。最後に、おしりの真ん中にある、押せば痛いツボをこぶしでぎゅっと押し上げて終了です。ヒップが引き上がり立体的になります。

生まれつき肌を美しくみせるには ベースにピンク下地

今日はとびきり美しい肌にしたい日は、ツヤが出る下地とピンク色の下地を両方重ねましょう。ツヤの下地とは、肌にのせたときにスキンケアしたようなツヤが出るもの。購入する前に手に塗るなどして確認しましょう。その上に、ツヤのファンデを塗ります。こうすることで、完璧な、ピンクの温かなツヤ肌になります。※

まず、ツヤ下地を顔全体に広げたら、ピンクの下地を頬とおでこ、鼻筋、目周り、口周りだけにとんとんとんと塗り重ねます。その上にファンデーションを薄くひと膜重ねたら、頬と鼻筋だけにまた薄くもう一度塗り重ねます。

こうやって、ベースやファンデを薄くミルフィーユのように塗り重ねていくことで、まるで生まれつき肌の美しい、選ばれた女のようなツヤめいた肌が完成します。

このとき、塗り重ねてもよれず、崩れないコツは、「塗る」というより肌に「くっつけて」いく感覚で肌にのせていくこと。そのためには、こすらずに、指の腹でとん

※エクストラ リッチ グロウ クリーム ファンデーション／スック

とんと粘土をはりつけていくようにやさしく丁寧にのせ、くっつけていきましょう。

顔の産毛を処理すると、存在感も透明になる

顔の産毛を処理すると、断然透明感があがります。自分でも驚くほどにです。

いま最も人気のある、ある女優さんは、数年前までは顔の産毛が濃く、くすんだ印象で、人気もそれほどではありませんでした。でも顔のうぶ毛を処理し、肌の透明度を上げたことで、別人のように可憐に美しくなり、日本中の心を溶かすようになりました。

産毛の処理を自分でする場合は、お風呂に入ったあとなど、顔が温まっているときにクリームを塗り、毛の流れに逆らわず剃りましょう。永久脱毛という方法もあります。

大人になるほど、「透明な女」は特別になります。

ツヤと丸みが女らしい

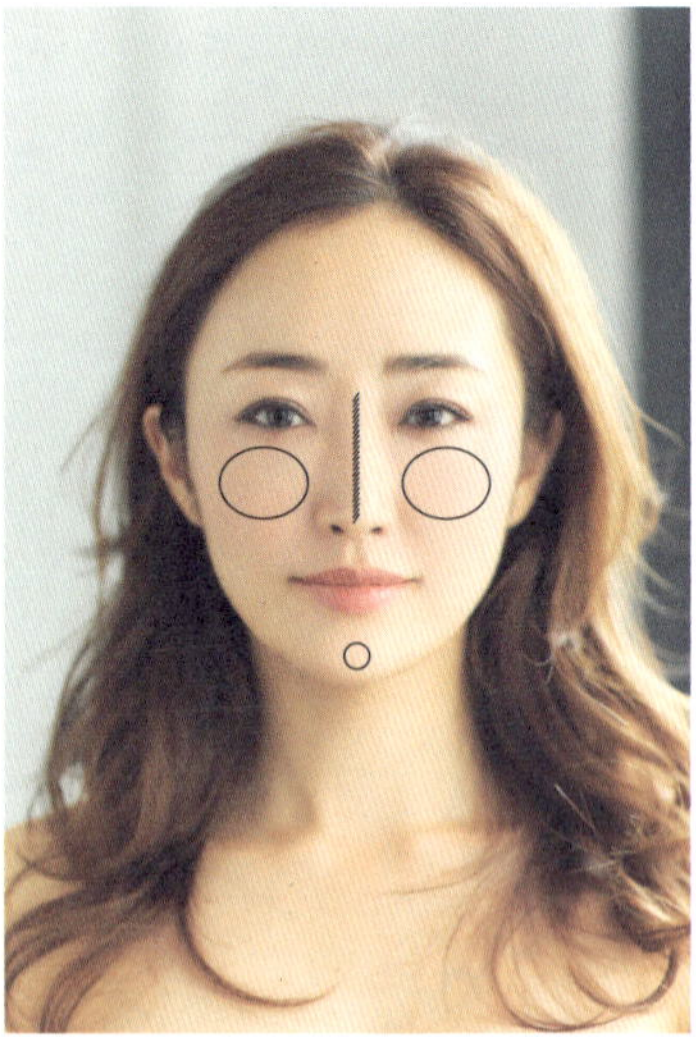
ここにハイライトを塗る

1
女

女らしいもの、それはツヤと丸みです。

まず、丸みは女性を可愛く見せます。体でも顔でも、丸い部分がきちんと丸いことは得です。またツヤは、立体感を増し、顔や体のつくり自体まで上質に見せてくれます。また、満たされた雰囲気も出ます。考えてみてください、カサカサの肌より、潤んでツヤのある方が幸せそうに見えませんか?

顔の中に丸みを出すには、ツヤを出す場所を意識します。

まず、ツヤが出る下地とファンデーションを肌にくっつけるように塗り重ね、全体的にツヤ肌にしておきます。

そしてクリームやリキッドのハイライトか、パール配合のパウダーを丸みを強調する場所に重ねていきます。これは、光を足すようなもので、これを使えば、クリームやリキッドならしっとりと湿度のあるツヤになり、パウダーなら、さらっとしながらも磨き上げたようなツヤになります。これらを、頬の高い位置と、鼻筋とあご先にのせます。写真の位置です。頬には丸く入れましょう。そのあとチークを重ねてください。また、あご先の丸みは顔をきゅっと小さくも見せます。顔の中の丸みは、バストやウエスト、ヒップくらい重要です。

額にハイライトを塗ると頭が小さく見える

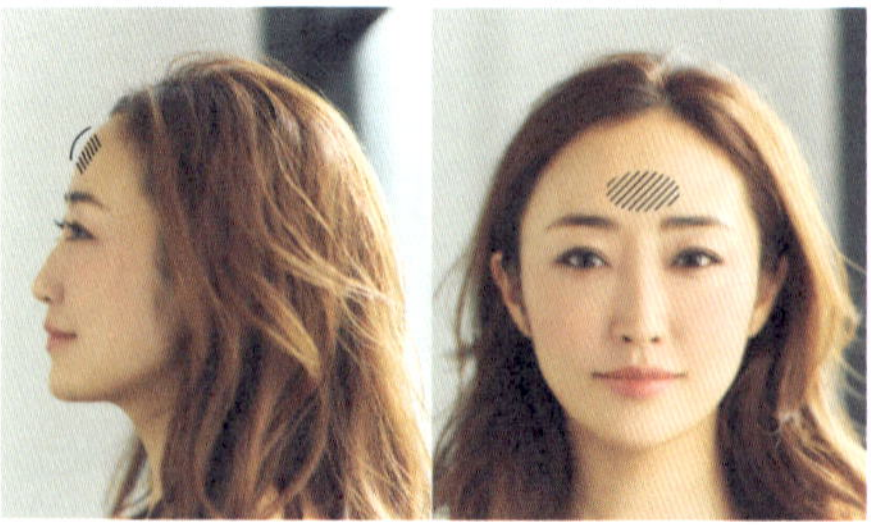

ハイライトは、横を向いたときに浮き出て見えるイメージで入れる

さきほど、丸みが女を美しく見せると言いましたが、頭も可愛く丸く見せる方法があります。頭に丸味を持たせると、顔全体が小さく見えます。

大切なのは、額です。ここを丸く見せましょう。

額を丸く見せたいなら、同じくツヤで光を仕込みます。使うのは、ハイライトのクリームやパウダーです。

クリームの場合、額の真ん中に横長の楕円形を薄く描きます。とんとんと指の腹、もしくはスポンジでやさしく広げていきましょう。

パウダーなら親指ほどのパウダーブラシで、とんとんと置くように横長の楕円形をのせていきます。両方とも、ポイントは、広げすぎないことです。額の中央に５００円玉をふたつ並べるくらいのサイズにしましょう。イメージは、額の真ん中が浮き出て見えるような感じです。

安っぽい生地を
身に着けなければ
安っぽい女にならない

1
女

「安っぽい女」になっては絶対にだめです。

男でも、友人でも、都合よく扱われてはだめ。仕事で舐められるのもだめ。人間関係では対等であることが大事です。「安さ」は幸せを遠ざけます。

まずは、見た目からです。中身がどうであれ、目に見えるものの威力は大きいです。「安さ」があると、下品だったり、だらしのない人に見えます。服に汚れやしわがあったり、肌が汚れていたりするともうだめです。

気をつけるべきなのは、「質がよく見えること」です。たとえば、上質なシルクやレースなどは、見ても触れても細部まで繊細です。

だから、肌づくりも丁寧に、毛穴や影を消し、アイラインやリップラインも丁寧に、はみ出たりしないようにしあげること。**決して、大量生産に見えないように、おおざっぱにならないようにしましょう。**着るものも同じです。安っぽい生地は選ばない、シワや毛玉やほつれがないかにも気を配りましょう。安っぽい生地とは、値段にかかわらず、生地が変にギラついていたり、ゴワついていたりなど、嘘っぽく見えるものです。

上質なものを身につけるだけで、それだけで上品に見えます。

唇はきちんとしめること

質がよく見える最強の肌は、下地や日焼けどめだけで肌をつくり、ファンデーションを使わないこと。大切なのは、「塗ってない感」です。下地や日焼けどめだけにすると、メイクをしていないように見えるのに、ほんのりピンクに肌の色は明るく、透明感が高まります。「なにもしていないのに美しい肌」に見せることは圧倒的な質のよさを際立たせてくれます。

そして、唇も大切です。唇は少し間違えるとたんに女を安っぽくするパーツです。ツヤは出しすぎないこと、そして、口はきちんとしめましょう。笑う以外の表情で上唇と下唇の間があくと、いやらしさがでてしまいます。

ルージュなら、輪郭を丁寧にとり、ムラなく塗ること。鮮やかな色は周りの肌を浮き立たせるので、口周りの肌を下地やコンシーラーなどで綺麗に整えておきましょう。唇自体もなめらかであることが重要です。ルージュを塗る前に、リップセラムやバームを薄くぬり、質感をなめらかにしましょう。

また、鮮やかな色のアイシャドウを使う場合は、べた塗りをしないようにしましょう。ブラシを使うとふんわりとのります。または、指の腹を使って、色を肌にとけ込ますように塗りましょう。

肌を見せたいなら、レースにする

1
女

最も気をつけたいのが肌を見せることです。肌を見せる面積が多すぎると、とたんに安っぽくなります。ポイントは、どこもかしこも出すのではなく、1点に絞ることです。

たとえば、足を見せるならデコルテは隠す。**背中をだすなら、胸元は隠すなど、隠すと見せるはワンセットだと覚えておきましょう。**

また、見せる肌はなめらかで美しくあること。色むらやニキビがないよう、角質ケアができるボディ用セラムやビタミンA、Cなどが配合されているローションなどでケアをしておきましょう。

そして、ときには肌をそのまま見せるのではなく、繊細なレースを肌に重ね、透けさせるのも大人のワザです。隠すことで肌を見せるという方法も覚えておきたいものです。ストッキングも同じです。30デニールのストッキングを基本としましょう。

これくらいの透け感とツヤ感を目指すと、品がでます。

ヌーブラに慣れる

どんな身長でも、ぽっちゃりしていても、服を似合わせることさえできれば、おしゃれな空気がでます。服を綺麗に着こなせる人＝センスのいい人＝自分を持っている人という具合に、一目置かれる存在になります。

そして、服を似合う体にするのは、「下着」です。

下着の中でも、上半身が大切です。具体的にはバストの形や上半身の線です。背中や肩、そして胸元をおしゃれに見せるブラが必要です。

洋服を綺麗に着こなすには、バストはただ寄せて上げて大きく見せるばかりではだめ。ときにはバストのボリュームをなくしたり、谷間をなくしたりと、服の雰囲気に合わせてバストを小さく見せた方がいい場合もあります。

そして、それをかなえるブラとは、ヌーブラやシリコンニプレスです。これらを、普通のブラのような感覚で使えるようになれれば洗練さがアップされます。

ヌーブラは、バストの部分だけに貼るブラです。バストを覆うように包みこむので、形を綺麗に見せてくれます。今のものは、昔の製品と違ってとれにくく、つけ心地も快適です。ベージュや黒の他に、レースのものなどもあります。ニプレスは、バストのトップだけに貼りつけるもので、よりナチュラルなバストがつくれます。

インナーやブラが見えると野暮ったい

服を着たとき、野暮ったく見える代表が、Vあきの胸元からキャミソールが見えること。Vを断ち切ってしまうような横線や別の色は、洗練さを奪います。**せっかくVを着ているのです。洋服のVラインを大切にしましょう。**

そもそも、開いて着るものから見えるのは肌だけであることは鉄則です。

これは、背中や肩も同じことです。背中が開いているのにタンクトップやキャミソールが見えたり、オフショルダーなのに肩紐が見えたりなどは禁物。見えないようにがんばりましょう。先ほどのヌーブラさえ味方につければ、これらはすべて簡単に解消できます。例外として、肌が透けるレースは見えても綺麗ですが、それ以外は肌だけにしましょう。

ちなみに、ヌーブラは背中の段々やブラからはみでる肉もなくすことができます。

これだけで、服は数倍おしゃれに見えます。

「なんか嫌な女」は、「なんか好きな女」に変わりやすい

印象がいいというのは、いいことばかりではありません。記憶に残らず、心に響かない、つまり覚えてもらえないということもあります。ただ、印象が悪いというのも、もちろん次につながりません。

では何が心を掴むのでしょう。それは、「印象が悪い」＋「印象がよい」をセットに使うことです。

たとえば、女々しそうな女性が、男前でサバサバしていたとき、いい印象になりませんか？　会ったときの第一印象だけではありません。**会う前に自分が与えているだろう印象の中の「悪そう」な部分の、逆をいくといいのです。**

「なんか嫌な女」は、「なんか好きな女」に変わりやすいです。印象の悪さというものは、うまく扱うと、人の心を掴む魅力になります。

万人にうけようと完璧に印象をよくする努力は、ときに誰の心にも残りませんし、また、減点方式で見られるので、ちょっと悪いことをするだけで好印象が崩れることもあります。

自分の中にあるちょっとした印象の悪さを認めて知っておき、そこを逆転させる見せ方を覚えたほうが、数倍魅力的な女性になります。

ヘアアイロンをブラシ並みに使いこなしてください

ヘアアイロンは、ブラシと同じくらい、「普通」のアイテムにしましょう。アイロンにしか出せない、ツヤがあります。

また、髪を柔らかく、毛の質をよく見せてくれます。顔の質を全体的にあげるのがアイロンです。ヘアアイロンなくして、「美人」の空気感は出ません。

顔周りだけでも全く違うので、ぜひ使ってください。慣れれば3分、ベテランになれば1分でもできるようになります。

持っておくのは32ミリのアイロンです。ショートヘアの人は26ミリにしましょう。

いちばん美人に見える髪の長さは鎖骨くらい

女として得をしたいなら、髪は鎖骨の長さがいいでしょう。**できるだけ失敗なく美人になりたいなら、髪は鎖骨で、しかも重めに切り揃えるのがおすすめ。**この髪型は、頭身のバランスが美しく整うので、顔が小さく、全体がすらりと見えます。

また、鎖骨に毛先がくると、デコルテが浮き立って見えます。そうなると、肩のラインもすっきりし、肩先の骨まで綺麗な形に見えます。ほどよく顔をつつみ込むので、シェーディングを入れたように顔がひとまわり小さく見えるのも最高です。

加えて、この長さは、お手入れも簡単です。毛先まで栄養も届くから、つるんとツヤのある髪を毛先までキープできます。後頭部やサイドの髪も、根本から毛先まで手が届くから、アイロンもくまなくかけることができるので仕上がりの精度が段違いです。ダウンヘアもできるけれど、結べる長さというのも大きいです。服に合わせてアレンジもきくので、似合う服の幅も広がります。

大事にされる女は
毛先にワンカールがある

1
女

髪の毛先をワンカールさせると、大切にされる女になります。

ちょっと想像してみてください。髪の毛のガサガサにはみじめさが漂います。

「毛先がガサガサだと雑な女→雑に扱われている女→雑に扱っていい女に見える」

女にとってケアはとても大切で、自分のことを丁寧に扱えば、誰かに丁寧に扱われているようにも見えます。大切に育てられたように見えるのです。

大切に育てられたように見えるのは、女が持つべきツヤのひとつです。それは、整った目鼻立ちと並ぶくらいに、特別にみせます。生まれてから、だれかに大切に育てられただろうと思わせる空気は、たとえ裸でも感じられてしまうものです。育ちのよさは、自分のケアから生まれるのです。そして、他人にも大事にされます。

その中でも絶大な効果を発揮するのが、毛先のワンカールです。髪の長さに関係なく、32ミリのアイロンを毛先にすべらし、ワンカールしましょう。毛先だけでOKです。こうすることで、ツヤところんとした丸みがでます。たったこれだけのことなのに、驚くほど透明感が生まれます。顔のパーツの瑞々しさが増し、愛されて生きてきたようなツヤがでるから面白いです。髪の毛先は、日々のお手入れがわかりやすくでる場所。毎日これを続けることで、大事にされる女になります。

綺麗なお母さんの子どもは綺麗

綺麗は言葉では表現しきれません。

綺麗は、生まれてから一番近くにいる女性から伝染し、刷り込まれるものです。だから、母親の綺麗さは娘に移ります。

娘に美しい人になってほしいなら、自分も美しい母になりましょう。

残念ながら、自分の親が美しくないなら、できるだけ美しい女性の近くで過ごす時間を増やすといいでしょう。

安っぽさが最も出てしまいがちなのは、「濃い色」です。
アイカラーやルージュには気をつけましょう。
でも濃い色の取り扱い方はとても単純明快です。
顔の中で「1点だけ」使うことです。
たったこれだけで、鮮やかな色が「品格」に変化します。

第2章

変身

女はいくつもの顔を持っていたほうがいい。
顔の種類の分、
その数の生き方やチャンスが手に入るから。
メイクと服で、
いくつもの顔をつくれるようにする、
その練習を始めましょう。

髪の3センチで、顔が30％小さくなる

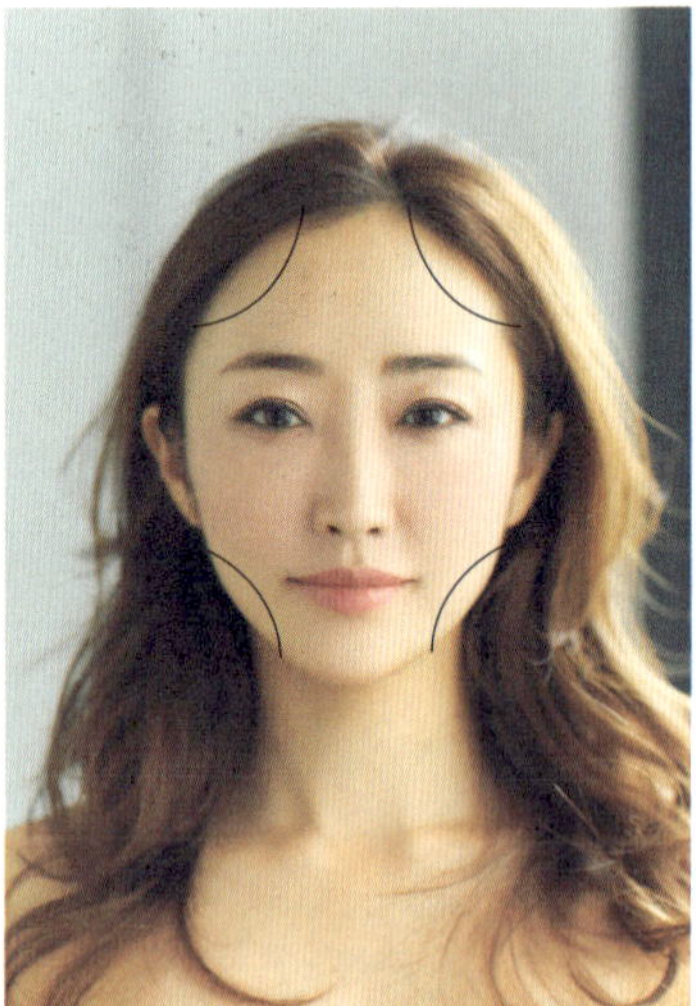

この4カ所を隠すようにする

自分の髪を触っていても、生徒さんの髪を触っていても思うのが、「小顔って結局髪型だなあ」ということです。

髪さえ変えれば、自分史上最高の小顔になります。「小顔こそ、生まれつきなのでは」と思う人もいるかもしれませんが、顔のサイズは顔にかかる髪のたった3センチで整形級に変わるので、ぜひとも試してみてください。

髪は、顔の大きさを決めます。

ポイントは、額の両端とあごの両端、この4点に3センチずつ髪をかぶせること。

たったこれだけです。この顔の角をとることで、顔は驚くほど小さく、また形も良く見えます。この4つの角を髪で隠しましょう。

そのためには、ヘアアイロンです。32ミリのアイロンで、この部分を隠す位置の髪を一巻きしましょう。巻くときは外巻に巻いてください。外巻にすることで、顔を削って小さく見せられます。実は、少し前までは内巻に巻くのが常識だったのですが、それはもう古く見えてしまうので気をつけてください。最後に、オイルやワックスをさらっとなじませ顔にかぶせましょう。こうすることで、束感が出て、これもまた今っぽくなります。

その日を美人にすごすためには前髪が大事

前髪は、顔のよしあしを大きく握っています。

だから、前髪が決まらないだけ、ほんの少しうねるだけで、自分を可愛く見せず、その日の女心を折ってきます。毎日の気分は、前髪が左右しているのです。


だから、自分の前髪の取り扱いは熟知しておきたいところです。

まず、前髪なしの人は全体的に大人っぽい女らしさになります。**これを、真ん中分けにすると、イノセント、ノーブルな空気がでます。**

サイドをぴたっとすればモードな雰囲気に変わります。サイド分けは、耳によるほどに色気がでるので、その日の気分でチョイスしましょう。

前髪がある場合は、その長さで印象が変わります。**目が見えるぎりぎりの長さだと、目に視線がいって印象的になり、ミステリアスな雰囲気になります。**眉が見えないくらいの長さなら、可愛らしい印象に。眉が見えるくらいの短さからは、個性的な空気が出ます。前髪があっても、ただまっすぐ下ろすだけではなく、横向きに流すと大人っぽくなります。前髪がある人で、前髪なしに見せたい日は、前髪をワンカールし、上から長い髪をかぶせ横に流せば、前髪がない髪型も楽しめます。

前髪のアレンジは女であるなら覚えておくこと

前髪のアレンジも身に着けておきましょう。

ウエットに仕上がるオイルをつけると、女っぽさが出ます。さらにそれをオールバックにすると、そこにハンサムさが加わります。

分け方を8：2の片目が隠れるくらいにしても、女っぽく見えます。

雨の日や、どうしても前髪が決まらない日は、ターバンやスカーフ、ヘッドバンドなどの巻物でアレンジしましょう。きまらない髪に振り回されず、おしゃれにこなれた人に見えるという嬉しい効果がついてきます。

ターバンやスカーフのときにおすすめなのは、まず、髪をうなじでシニヨンに結ぶこと。そのあと、ターバンならこれにかけたり結んだりするだけです。

スカーフなら、大きいサイズのものを三角形にし、上から折っていき、6センチくらいの幅にします。それをうなじから頭のてっぺんにかけ、そこで交叉し、それをまたうなじにおろしてそこで結びましょう。とても簡単なのに、おしゃれに見えます。

マット肌とツヤ肌に着替えられると変身する

肌の風合いが変わるだけでも、雰囲気が変わります。

同じ顔でも、ツヤのある肌ならば、女っぽい色気がでます。マットな肌なら、落ち着いた空気と品が出ます。この両方を自由に使えるようになると、違う顔が持てます。

すでにツヤ肌のつくりかたは64ページで書きました。マット肌にしたい場合は、マットに仕上がるファンデーションを選びましょう。※

どちらのファンデーションでも、下地は同じ、ツヤが出るものにしましょう。ツヤファンデのツヤをより美しく見せ、マットファンデも乾いて見せません。

たとえば、とろみブラウスやサマードレスなど、やわらかくツヤっぽい服には、ツヤ肌が似合います。スーツや着物のようにカチっとした服には、マット肌が似合いますよ。

また、肌によって似合うカラーも変わります。自分はこの色が苦手だと思っていた色も、いつもと肌感を変えることで似合うようになります。カラーメイクや服の色の幅が広がり、苦手な色、似合わない色が減ります。肌を変えることを楽しみましょう。

※シークレットスキンメイカーゼロ（リキッド）／ケイト

ツヤとマットのファンデーションをそれぞれ持てば、メイク上級者

ツヤとマット、それぞれのファンデーションを使うことができれば、応用もできます。

たとえば、ツヤ肌に仕上げたいけれどテカリたくないなら、ツヤファンデを全体に塗ったあと、小鼻や眉間、鼻の横など、テカる部分にだけマットファンデを薄く重ねてみましょう。ファンデーション同士を組み合わせるので、境目もできず、あなたに合わせた、美しい肌が自由自在です。

ときには、両方を混ぜて、ツヤとマットの度合いを自分なりにつくるのもいいでしょう。マットだと堅すぎるけれど、ツヤよりもう少ししっかりしたいときに、自分でセミマットがつくれるようになります。

淡い色や肌に近い色のコスメのカラーアイテムや服などは、くすみやすく、難易度が高いとよく言われます。しかし、セミマットからマットな肌をつくって合わせれば、肌のカバー力が強まって似合いやすくなります。

淡い色の服や白、ベージュの服の場合は、セミマットやマットの肌と組み合わせると透明感が引き立ちます。

眉は唇と反比例させる

眉が顔の印象を大きく変えることは、きっとみなさんご存知だと思います。また、いつもの眉と違うメイクにすると、顔の印象が変わることも知っているでしょう。

でも、眉を変えるって、具体的にどうすればいいんでしょうか。

ここでは、ぜひ眉の変え方をマスターしましょう。

「今日は眉の雰囲気を変えたいな」と思ったときに、素敵に見える方法をお教えします。

ポイントは、唇の濃さと反対の眉を描くことです。

淡いルージュで唇を仕上げる日なら、眉を太く描くといいでしょう。基本の眉は50ページで説明しましたが、それより1ライン上、1ミリほど上につけたし、眉の太さを出します。色も少し暗くし、眉の存在感を高めましょう。

淡い唇は、しっかりした眉と組み合わせると、ぼやけがちな顔がやさしいながらもはっきりし、顔が小さくも見えます。眉が大きくなることで、肌の面積も少なくなります。凛とした顔にもなります。

反対に、濃い色の唇なら、細めの眉にしましょう。眉尻の先端に5ミリくらいの長さを足し、長くしましょう。眉は、長さが出ると細く見えます。濃い唇のときに濃い眉にしてしまうと、顔全体が重く、強い女に見えてしまいますが、このように細い眉にすると優しい雰囲気になります。この眉の法則を覚えておきましょう。

1時間に3回髪の形を変える

たとえば、今何も手元にないけれど、目の前の人に、自分の魅力を最大限に見せたいとき。

そんなとき、ぜひ1時間のうちに3回ほど髪型を変えてみせることをおすすめします。もちろん、複雑な髪型にする必要はありません。

「普通におろしていた髪を片側によせる」「髪をかきあげる」「手で前髪をあげる、下げる」「うしろでまとめ離す」そんな軽い髪型の変更です。

これらを、ゆっくりと自然に行ってください。

メイクを変えたり服を着替えるくらい、髪型は印象を変えるものです。だから、髪をサイドによせるだけで、まるで違う自分を見せることができます。

そして、このよせる、かきあげる、あげる、隠す、はどれもフェイスラインや首元を綺麗にみせるし、目の前で変化するというプロセスは、男性がスーツのジャケットを脱いだり、ネクタイを緩めたりするのと同等に、色気があり、どきっとさせます。

目の前の景色が同じだと飽きます。空気が新鮮になるので、髪の形、変えてみてください。

ポニーテールは低くなるほど大人っぽくなる

髪の毛をただ後ろで結ぶだけの一本結び。実はこれ、あれこれアレンジするよりも、コツを覚えておけば、ずっと簡単で、おしゃれに見えます。

まず、最初に覚えておきたいのは、高さによって雰囲気ががらりと変わること。低めだと大人っぽく、高くなるほどに可愛く、若い印象になります。

うなじの上で沿うように結ぶと、大人っぽく、洗練された印象になります。また、首が細くも見えます。

また、分け目や顔まわりをぴっちりとタイトにするとモードな雰囲気になります。反対に、おくれ毛をだせばやわらかい女っぽさがでます。

位置ですが、あごと耳を結んだ線の延長線と、頭から下におろした線の交わるところ（美容師さんはゴールデンポイントと呼んでいるそうです）が一番基本で正統派です。どちらかによせると女っぽさがでます。横すぎると個性的になってしまうので、少しだけよせましょう。**ちなみに、いちばん老けてみえる位置は耳のてっぺんくらいの高さなので、ここは避けてください。**

髪を仕上げるのは最後です。服を着て、メイクをしたあとに、鏡の前で調整し完成させます。結ぶ前に手で高さを見たり、髪を出したりしましょう。

可愛らしく見えるには頭のてっぺんで結ぶ

結ぶ前には、ぜひヘアアイロンで巻いてください。それも、中間から毛先にむかって巻いておきましょう。その髪を結ぶと、馬のしっぽのようにぴんと強くならず、やわらかく、しなやかにしあがります。

髪は、頭の一番高い部分で結ぶと可愛く、華のある甘さがでます。そのまま毛先をたらせば、華やかではつらつとした空気に。くるっとゆるくシニヨンにすれば、甘い雰囲気がでます。

また、髪の毛の色が黒い人は、おくれ毛を出すと疲れて見えてしまいます。もし出したい場合は、91ページのヘアアイロンとオイルをしっかりして、「あえて出している感」を出すようにするのを忘れずに行ってください。髪まわりは外巻きで巻くのを忘れずに。

まとめ髪は、表面を最後にごしごしする

まとめ髪をぴたっとまとめるのは、モードに仕上げるときだけにしましょう。普段は、ゆるっと髪の毛を引き出したほうが断然おしゃれです。まとめたあと、髪の表面に指1本分ずつつくらいの間隔をおいて、つまんでひき出しましょう。こうやって表面に髪の凹凸をつくるのを基本にしてください。後頭部も忘れずにボリュームを出しましょう。結んだあと、結目を手でしっかりおさえながら、頭頂部にふくらみをつくるように引き出します。

これが基本ですが、難しい人は、髪を引き出した最後に**手のひらで髪全体を包み、ごしごしと頭皮と髪をずらすように少しだけ上下に動かしましょう**。すると、表面の髪がいい具合に、ゆるっとした風合いになります。

この最後の仕上げがあると、顔の形も綺麗に見え、こなれた空気もでるので、最後に忘れないようにしましょう。**そのあと手のひらに半プッシュ弱オイルをとり、両手になじませ、髪表面全体にそっと撫でつけるよう塗布して仕上げます。**

こうすることで、ほどよく崩れたニュアンスにツヤとまとまりがでて、さらに完璧になります。

軽く生まれ変われるのがＶＩＯ脱毛

人生では、何度も自分に飽きるときがきます。なにを着てもしっくりこないし、メイクも決まらない。これまでの自分が急につまらなくなるときです。

そういうときはきっと、軽く生まれ変わりたいときかもしれません。生まれ変わりのチャンスは、思っているより多くあります。

その中でも、おすすめの「ちょっとした生まれ変わり」はＶＩＯの脱毛です。だれに見せるわけでもないし、自分が直視することもそうそうないけれど、格別に気分が変わります。**見えない部分、でも重要な部分だからこそ、最高級のランジェリーを身につけたように、心に効きます。**

脱毛は、クリニックがいいでしょう。産毛のような細い毛までしっかりと脱毛でき、技術も高く信頼できるからです。また、デザインは基本的なものにしましょう。自然で小さめな逆三角がいちばん美しいです。衛生的なのはもちろん、毛穴が目立たなくなり、透明感も増します。

最近美容界では、膣ケアの熱も高まっています。サロンでのマッサージや、セルフケアで、女性ホルモンのバランスが整い、肌や髪のツヤが出て心も落ち着きます。

頭を小さくしたいなら逆立ち

顔が小さければ、服が似合いやすくなるし、可憐さが出ます。

でも、じつは顔よりもっと重要なのは、頭です。顔の肌の部分より、頭の黒い部分の方が多いので当然ですよね。

頭なんて小さくならないよ、と思うかもしれませんが、小顔マッサージやリフトアップと同じように、頭を小さくするケア方法があります。

重要なのは血行です。血行が悪いと、脚と同じくむくんだり太くなったりします。自分の血行がいいかどうか、調べる方法があります。立てた5本の指で、頭を左右しっかりと押し、頭蓋骨と頭皮をずらすようにします。ずるずると動けば健康なサインです。動かない人は、手やマッサージブラシでこまめに頭皮をほぐしましょう。

そして、効き目があるのは、逆立ちです。**逆さになることで、頭の中の血はめぐります。**内臓の位置も正常に戻ろうとするので、頭だけではなく、お腹はへこみ、くびれができ脚も細くなります。サロンなどでは30分逆立ちというコースもありますが、まずは3分から始めるといいでしょう。気分が悪くなったときは無理をせず、徐々にならしていきましょう。寝転んで手と足を上に上げて、5分ほどブルブルと手足を震わせるゴキブリ体操も、血流がよくなります。

3人分の外見を持つ

自分で自分に飽きないために必要なのは、いくつかの外見を持つことです。

いつもひとつの外見だけでなく、思い切ってコスプレをする感覚で、いつものメイク、ファッションではない、印象が違う自分を楽しんでみましょう。

簡単に、でも印象ががらっと変えられる方法があります。ぜひ、これからお伝えする、3つの見せ方を意識しましょう。

これらを日常に取り入れているうちに、そのいくつもが自分に馴染んできます。いくつか違う外見を持つということは、新しい魅力を手に入れることでもあります。

髪

外見の大きな印象を握るのが髪。たとえ同じ服やメイクでも、髪が変わるだけで、明らかな違いになります。髪は、「ストレート」「ウエーブ」「まとめ髪」の3つを自由につくれるようにしておくといいでしょう。これは、短い髪でもできます。

まず、ストレートをつくりたいときは、ストレートアイロンで根元ギリギリからしっかりはさみ伸ばしましょう。これだけで、さらさらとツヤのある髪が仕上がります。ストレートのとき、細部まで綺麗だと本当に素敵です。そのために、もみあげや顔周りの髪は、小指の1／6ほどになるように薄くとり、アイロンを縦にしながら挟みましょう。これで、うねりやごわつきがとれ、つるっとした綺麗な髪に仕上がります。

ウエーブをつくりたいときは、まず髪を上、中間、下とそれぞれ左右6つに分けて細いゴムで結びます。アイロンを束の中間に挟み、髪を巻きつけ、数秒おいてから抜きます。そうすると、髪をほどいたときに、毛が様々な方向を向いておしゃれに見えます。まとめ髪は、105ページでお話をした一本結びの方法を参考にしてください。

前髪

前髪は、「真ん中わけ」「横わけ」「オールバック」を使いわけましょう。

まず、真ん中わけは清楚な雰囲気になります。女性らしいメイクをすれば、清楚さが倍増する髪型です。長めのアイラインや、鮮やかなアイシャドウでモードな雰囲気にもなります。46ページの唇をふっくら描くメイクともぴったりです。横わけは、色っぽい空気がでます。基本は自分の好きな側の顔を見せるようにわけましょう。

オールバックは、ウエット仕上げのオイルやワックスを使って質感をだすと簡単に女っぽくつくれます。

まず、髪を濡らし、オイルとヘアクリームを手のひらでまぜ、後頭部にむかって手ぐしをいれるように髪に塗っていきます。このふたつを混ぜるのが大切で、ちょうどよいツヤと束感がでて女っぽく凛としたオールバックが仕上がります。これを、ダウンスタイルの髪でつくると色っぽく、まとめ髪に合わせると、「おしゃれをわかっている人」の雰囲気が出せます。

メイク

メイクは簡単です。「唇」「目元」「肌」のどれかひとつにポイントをおいたメイクにすることで、あれこれ考えずに3つの顔が持てます。

ここでの注意点は、主役をこの3つのうちどれかひとつだけにして、それ以外は力を抜いて仕上げることだけです。全部を全力でするのはダサく見えてしまうので気をつけてください。

1点を押し出したメイクにはコツがあります。それは、**ベースメイクを仕上げ、眉まで描いたら、ポイントになる部分を一番最初に仕上げることです。**

いい子になるなら孤独でいい

だれもにいい人と思ってもらえるよう、ビクビクしながら生きることほどつまらないことはありません。嫌われてもいいから、自分らしくが一番です。結果、そのほうが仕事も恋愛も上手くいきます。

脚を長くしたいなら、ハードな運動はしない

脚は長いほうがいいというのはご承知の通りです。脚が長ければ、似合う服が多くなります。では、どうしたら脚が伸びるのでしょう。

一番は、体がきちんと成長するように最低でも6時間以上寝て、しっかりと睡眠をとることです。日々のリズムを崩さないことも、成長ホルモンにとっていいことです。カルシウムもとりましょう。周りの「足長族」の友人たちは、共通して「カルシウムのサプリを飲まされていた」「牛乳が水代わりだった」などと言っています。

また、ハードな運動はあまりしないようにしましょう。もしまだ10代の成長期の方なら、下半身に安定感が必要な運動は避け、するのであれば、バスケットなど跳躍するものを選ぶことです。今まで出会ってきた女性たちに、運動のアンケートを取ってきましたが、脚の長い人のほとんどは運動をしないできたか、してもバスケ部だったと言っていました。大人になった今も、脚が細く長い友人たちは「なるべく歩かない、運動もしないようにしている」と言います。

日本中の女優やモデルの脚を細くしている、理学療法士の先生も「運動は脚を太くするからしてはだめ」と言います。運動をするなら、水泳など、筋肉を縮ませず、体の循環がよくなるものにしましょう。

脚を細くまっすぐにするために

脚を、細くまっすぐにするためには、まず血行が大切です。足首、ひざ裏、そけい部を押しほぐしましょう。

次に足先からひざ、ひざから脚のつけ根に向け、手のひらに力をいれながら押し上げるようにしていきます。最後に脚の指先を1本1本指でぎゅっとつまみ、力をこめながら抜いていきます。こうすることで、指先の毛細血管まで新しい血がめぐるようになり、脚全体の血行が活性化されます。これを1日1回行うだけでも脚はすっきりとします。

また、椅子に座るときに、骨盤にまっすぐ上半身を乗せ、脚を真ん中であわせることを心がけましょう。この姿勢はお腹に力が入るので、すっきりぺたんこのお腹にすることもできます。

脚を組んだり、床で正座や斜め座りをすると、骨盤がゆがみO脚やX脚になるので意識してクセづけしましょう。

乳液を使うのは20代まで。
30代からはクリーム。

リップブラシで口紅を塗ると、綺麗に見えます。
上品で上質な女に見せたい日は、
リップブラシを使いましょう。

第3章

色

色ほど、人をはっとさせるものはありません。
どこにいても、なぜかピントが当たる人は、
色を味方につけていることも多い。
色を使いこなせるようになりましょう。

色気を出したいときは
くすんだ色を身に着ける

人に与える印象は、自分が身に着ける服やメイクなどの「色」が大きいです。同時に、それは自分の空気感にもなります。

それを知った上で、まとう色を選びましょう。

その中でも、身に着けると女として得をするのが、くすみ色と鮮明な色です。

まず、くすみ色です。これは、ほんのり黒やグレーを混ぜたような色のこと。**これらは、まとうだけで色気を足してくれます。くすんでいれば、何色でも構いません。**

ただ、濁った色ではなく、クリアな色にほんの少しだけ黒やグレーを混ぜたような色を意識してください。

その中でも、ピンクや鮮やかなブルー、ミントグリーンやパープルなどの、元が華やかな色に一滴の黒が混じった色は、可憐で儚《はかな》げだけれども、どこか強さを秘めたような空気感になります。こんな色を、たとえばアイシャドウやアイライン、ネイルで小さくまとうと、儚げで透明な空気を出します。

また、赤やオレンジなど、暖色系をくすませた色は、ペディキュアやリップで使うと、湿気ある色っぽさがまとえます。

鮮やかな色は
ピュアさが出る

くすんだ色を味方につけたなら、鮮やかな色もまとえるようにすると無敵です。**濁りのない潔い色は、生命力を感じさせます。**身に着けるだけで、女としての自信や、人生を楽しんでいる表情や空気をくれるのです。

特に、唇に赤や朱赤、オレンジやピンクはとても映えます。鮮やかな色には、さまざまな質感がありますが、その中でもシアーなものと、マットなものを使ってみましょう。シアーとは透明感があって透き通るという意味、マットはツヤのないものをいいます。マットなものの方が、しっかり色がつきます。

唇の色がうっすら見えるくらいのシアーなものは、強さのなかにもピュアな空気が混じるし、光沢のないマットなものは、個性を引き立て、より自分を認め、楽しむ空気がでます。

たとえば、服のおすすめは赤。赤は主役になる色です。グリーンだと個性的で自分があるように見え、紫はドラマティックな人に見えます。黄色だと華のある雰囲気になります。

メイクがうまい人に見せたいなら色を目立たせる

自分を生まれつき綺麗な人に見せたいなら、メイク内に強い色と線を使わないことです。自分よりメイクが目立たないよう、後ろに2歩下がらせることが美人に見せるコツです。

ただ、世の中にはいろんなシーンがあります。**「おしゃれの感度が高い人」に見せたいときには、色と線を目立たせましょう。**

色を目立たせるなら、アイシャドウ、アイライン、口紅です。

線を目立たせるなら、アイラインとまつげです。

そして、ルールは一カ所だけにすること。顔の中に強い色はひとつです。いつものメイクに、ひとつ思い切って色や線をいれる。これくらいが、圧倒的におしゃれに見せるコツです。

たとえば、アイラインならボルドーを。いつもより太く、しっぽも長めに引いて目立たせましょう。おしゃれで、女っぽさも出ます。

また、アイシャドウなら山吹色を。モードな印象になります。目立つ色ですが、肌浮きせず、洗練された空気がでます。

口紅なら、プラム色を。ツヤがなく、セミマットなものにしましょう。存在感のある女になります。

ここで気をつけるのは、チークでは色を立たせようと思わないこと。痛々しさや度をこえてやりすぎになってしまいます。また、青いアイシャドウをまぶた全面に塗るのはやめましょう。古い、時がとまってしまった人に見えます。青ならアイラインで取り入れましょう。

また、旬の色と質感を入れるのがいちばんおしゃれなので、今の色や風合いを知るために、SNSでもコンビニの雑誌の表紙でもいいので「今」を、チェックしましょう。そして、カバーのモデルたちと、同じ色を選んでみましょう。

美人に見せる色は、もともと自分の肌や髪に持っている色の中か延長にあるものです。おしゃれに見える色は、その反対にブルーやグリーン、オレンジ、ボルドーなど、明らかに鮮烈な色です。

自分の肌が、ブルべかイエべか知っておこう

肌にはざっくり分けると2種類あります。肌に青味のあるブルーベースと黄味があるイエローベースです。

あなたの肌はどちらでしょうか？　これを知っていると、似合う色や似合わない色がわかります。

見わけ方は、シルバーの指輪やバングルをつけて手に透明感がでるのがブルーベースの人。ゴールドをつけて透明感がでる人はイエローベースです。

他にも、腕の血管が青に透けるのがブルーベースで、緑に透けるのがイエローベース。目の白目も青味をおびている人はブルーベース、ほんのり黄味をおびているならイエローベースという見わけ方もあります。

すべての色を似合わせるためにはチーク

ブルーベースの人が似合うのは、青味の入ったカラーです。イエローベースの人なら、黄味のはいった色が似合います。これを知っているだけでも、数え切れないコスメや服の中から、自分に似合うものを見つけやすくなります。

でも、もっと自分を楽しみたいならば、その枠に縛られすぎないのが大切です。

自分に似合う色を優先して、ときめく色を身に着けられないなんてもったいないことです。心に忠実に、好きな色を楽しむことで、自分に飽きたり、マンネリになることもなくなり、いつも新鮮な印象をまとうことができます。

だから、どんな色でも似合わせる術を持ちましょう。特に、リップやトップスは顔に近いので、似合う似合わないが鮮明にでます。

似合わせる鍵は、チークです。

チークは、アイカラーと唇の色をつなぎ肌とのギャップをうめるので、肌の印象をがらりと変える力があります。

このチークを効果的に使いましょう。法則は簡単です。

イエベの人が青味カラーを合わせたいなら、青味の入ったチークを頬につけます。つけかたは、通常のチークの面積より広めです。頬の全体をその色で包むようにブラシで広げます。そして色をつけ足さず、そのブラシのままおでこにひとはけしましょう。チークで顔全体を包むようにします。

たったこれだけで、肌のニュアンスが変わります。フェイスパウダーではなく淡いチークで行うことで、色のニュアンスがつきやすくなります。

反対に、ブルベの人がイエローよりの色をつけたいなら、イエローを含む淡いチークで同じように顔全体を包みます。たったこれだけで、似合う色が格段に広がり、いくつもの顔と楽しみが増えます。

また、メイクや洋服全体を、同じ色の系統で統一させると色が美しく映え、全身のまとまりがよくなり、失敗をしません。イエローなら、服も顔もイエローベースのものでまとめましょう。

季節それぞれの映え色を知る

外を歩いているときに、その人だけ、景色からぱっと発光してみえるような美しい人を見たことがありませんか？　どこにいても、なぜかその人にピントが合う人というのがいるのです。

やはり重要なのは、色です。

季節それぞれに、より美しく映える色があります。それを顔や体にまとえば、それだけで自分の美しさを最大限に引き出せます。

色は数え切れないほどありますが、その中から、だれもが似合い、その季節のなかで最高に美しく見える色をおさえましょう。

春はピンク、夏は白

まず、春。春は断然桜色です。**ピンクの中でも、この淡い色は、ほんのり血色感を含んでいるので、肌や髪にさりげなく透明感を出してくれます。**そして、淡いピンク特有の優しくてまろやかな雰囲気もつけたしてくれます。

ピンクと聞いて、私には似合わないと思う方もいるかもしれません。でも、それは肌を似合うように整えてないだけです。ピンクが似合うポイントは、肌です。

まず、ファンデーションを、少しカバー力があって仕上がりがセミマットになるものにしましょう。

その上に、ラベンダーや淡いピンクのフェイスパウダーを、顔全体に薄くかけましょう。これだけで、だれもが春の暖かさを感じるような美しさが手に入ります。これに、ピンクのアイシャドウやアイライナーなどのポイントメイクをしたり、服を着れば完璧です。

夏は、白が暑い日差しに映えます。あとは、特におすすめなのが、風に揺れたり透けるような素材です。

また、夏の白に似合うのは、涼しい顔です。ファンデも透け感があるもの、つまり塗っているかわからないように仕上がるけれど、ちゃんと肌のアラは隠すものにしましょう。アイカラーやチーク、リップもみずみずしく涼しげで水のように透明感のあるもので組み立てましょう。

夏のメイクは「30デニール」ということを覚えていてほしいのですが、透け感を心がけましょう。ストッキングで30デニールとは、肌が透けて見えるくらいです。**だから、リキッドやクリームのアイシャドウやチークがとても似合います。**夏は生っぽく、粉感がないものが素敵です。

テラコッタカラーのリップやチークも似合う季節です。

※フローレスグロウ ソリッドファンデーション／キッカ
※ヌード ウェア リクイド／スック

秋はブラウン、冬は赤

秋に、風景からくっきりと浮き立たせてくれる特別な色は、赤味があるブラウンです。少し寒さが混じり始めた空気にぴったりです。

ただ、夏の日焼けの余韻が残る肌では、この色が似合いにくいので、ラベンダー色の下地を塗りましょう。**ラベンダーの下地は、肌に白さと発光するような透明感をくれます。**塗るのは、顔の中心に塗ること。眉のすぐ下から、輪郭よりふたまわりほど小さく塗ります。ただ、あごの部分はすべて塗ってください。こうすると、顔に立体感が出ます。

もちろん、この季節は忘れずに美白ケアを集中的にしましょう。シートマスクや乳酸、ビタミンC、レチノールが入った美白スキンケアコスメ、飲む美白などもおすすめです。夏の終わりのケアは、一年を通して美しい肌の要です。絶対に忘れずに。

このとき、唇には同じく赤みブラウンをおすすめします。深い色を差し色にすると、肌とのコントラストが効いて肌がより白く見え、秋の服が似合う顔になります。

冬は赤です。**暖かく華のある赤は、暗い、色のない冬の景色の中、ドラマティックに見せてくれます。**

「冬の赤は潔く」です。面積は多い方がよく、赤いニットやワンピ、ブラウスなどで楽しみましょう。唇にも鮮やかな赤をリンクさせるととても素敵です。このとき、セミマットからマットなもので仕上げると、冬にぴったりの温もりがある顔になります。

ぼかすと生まれつき美人に見える

昔も今も、私がメイクをするときにいちばん気をつけていること。それは、メイクをした後、「メイクが上手な人」ではなく、「もともと綺麗な人に見える」ようにすることです。

そもそも、メイクの楽しみとは、自分のいろいろな顔を楽しめることです。自分の顔そのものを別人に変えることではありません。あくまでも、自分の顔の変化を楽しむのがメイクです。

でも、自分の顔をまるで別人にするかのように、パーツをつくりこんだり、質感を消しすぎてしまっては、せっかくの自分らしさや他人の心を惹くニュアンス、**つまり生きている感じを隠してしまうことになります。**

目標とするのは、自分より出過ぎないメイクです。動く表情の邪魔をせず、どれも自然で愛らしい表情に見えるメイクを手に入れてください。

では、どうすればいいのでしょうか。そのために大切なのが、「ぼかす」ことです。

顔を「ぼかす」と自分になる

顔でぼかすところは4点です。

まずは、**アイラインをぼかします。ペンシルなら、ブラシやチップで上からなぞり、ジェルやリキッドなら、同じ色のアイシャドウでラインをなぞります。**そうやって、描いた線を溶け込ませます。そうすると、目が大きく、印象の深い目になります。

チークも同じです。**入れたあと、最後にチークの輪郭から外に向かって放射線状にブラシを動かして、肌色とチークの境目をぼかします。**

眉もぼかします。ポイントは、眉の上のラインです。51ページに書きましたが、**本来の眉の位置の2ミリ上から斜め下に向かって、斜線を引くように、ペンシルを細かく動かしましょう。**こうすると、淡いグラデーションが生まれて、自分の毛がいい具合にぼけます。自然でやわらかい眉が完成します。

ファンデーションも必ずぼかしましょう。顔が首の色と違っているなんて最悪です。まず、下地は首から下、服から見える肌の部分は必ず塗ります。そして、ファンデーションを塗ったときに、**首につながる部分をぼかします。**これで自然な同じ色に見えます。こうして、ひとつひとつ「ぼかす」ことで、メイクが自分に自然にとけこみ、まるでもともとそうであるかのように見える最強のメイクになります。

記憶に残りたいなら色

人間は、1日のうちの60%は忘れ、記憶に残るのは40%だそうです。

ヘアサロンで働いている友人も「1度で覚えられるお客様となかなか覚えることができない方がいる」と言います。覚えてもらうことで始まることは多いです。1回で人に覚えてもらうには、どうしたらいいでしょうか。

まずは、色です。その他大勢と同じではなく、その人自身の色をしていることが重要です。たとえば、スカートや靴でも、指輪ひとつでもいいでしょう。そこに、鮮明な色をさしてみます。顔の中なら、鮮やかなルージュやカラーのアイラインを引いてみます。**そんな、大勢から浮き出る1色をまとうこと。**

合コンでも、周りが着ていない色の服やアクセをひとつ身に着けるだけで、引きつけることができます。

そして、言葉も効きます。自分なりの言葉で話すことはインパクトを与えますが、それを、しっかりと目をみて言いましょう。「確実に目が合う」ことで、記憶に残りやすくなります。たとえば、一対一で話す場合だけでなく、講義やイベントでも、とにかく顔と体をまっすぐにして、真正面から見つめると、特有の引力がでます。

第4章

感じる

誰かに何かを感じさせられる女になりましょう。
いい匂いがしたり、声が可愛かったり、
触れ心地がよかったり、
感じさせるには、視覚以外が大切です。

大きいピアスは、適当に髪を結んでいてもおしゃれしたように見える

大きい耳飾りは、何でもない髪型もおしゃれに見せてくれます。ピアスでもイヤリングでも構いません。大きめで主張のあるものがいいでしょう。5センチ以上がいいでしょう。ゴールドのものにすると女っぽさが際立ちます。パールだとまろやかな雰囲気になり、クリアなものだと肌が涼やかに見えます。ピンクやマゼンタなどの色は、個性を出し、また肌を綺麗に見せてくれます。

耳に立体感があると、横顔全体に立体感があるように見えます。また、耳元に色があると、肌とのコントラストが出て、肌に透明感と血色も出します。もちろん、頭や顔が小さく見えるのも素敵な点です。

そして一番の魅力は、ただ適当にまとめただけの髪でも、大きなピアスがあるだけで、「手抜きせず何か考えてやっているように見える」ことです。時短のために結んだだけなのに、メイクも服も生き方もすべておしゃれに見えてくるから不思議です。

また、主張のあるアクセサリーは、それだけで自分を持っている人に見せてくれます。

ぜひ、ただのまとめ髪を「あえてまとめた計算の賜物」に見せる技を使ってみてください。

「いい匂い」と思われたら、
それはもう半分好きだということ

「いい匂い」と思われたら、それはもう半分好きだということです。

ある男性がどれだけかっこよくても、どれだけ好みの見た目だったとしても、匂いが「ｎｏ」なら、絶対に好きにはなりませんね。女性ももちろん同じです。

匂いには人それぞれ好みがあるけれど、これだけおさえれば、絶対に「いい匂いの人」になれるという魔法のような方法があります。

必要なのは、フレグランスオイルと香水です。

これらは、同じ系統の香りである必要もありません。いい匂いなら何でもＯＫ。方法も簡単です。**まずは、フレグランスオイルを塗ります。その上に、香水を重ねづけします。場所はバスト下からお腹までの部分にしましょう。**するのは、たったこれだけです。

香水が最高に美しく香るには、湿度と温度が必要です。

まず、オイルは、肌をしっとりと湿度を上げてくれます。そして、バスト下からお腹は体温の高い場所です。この場所にオイルがあると、元々の自分の匂いと香水を、最高の状態で溶け合わせてくれます。また、混ぜることで世界で自分だけの、誰とも同じではない、色っぽい香りができあがります。

香水をつけるのは内側を感じさせる場所

バスト下からお腹以外にも、香水をつけておくと楽しい場所があります。

体が動くたびに服の隙間から香りがもれるのは、最高に色っぽいです。


急にくる香りは、はっとさせます。香りで大切なのは、リズムです。

出たり、引っ込んだりするのが素敵です。ずっと香っているのはつまりません。


だから、つけるのは袖口や背中、ももの内側など。袖なら、手を動かしたときにひらっと香ります。背中だと、コートなどを脱いだときにふわりと漂いますね。ももの内側も、スカートはもちろん、パンツでも動いたときにいい匂いがします。

だから、つけやすいように基本は裸でつけましょう。

つける場所は一か所だと失敗しません。

SNS

SNSは気持ちいいものだけ見るようにしましょう。

ちょっと見て、嫉妬や妬みを感じるようなときは、アプリ自体をすぐ閉じます。アイコンが目に入るとうっかり見てしまうので、ホーム画面から消してしまうのもいいでしょう。

アンチコメントは、気軽に消去、ブロックします。

幸せはさりげなく投稿すること。

ネガティブ投稿をするときは、終わり良しでしめること。

声は絶対に可愛いほうがいい

声について考えたことはありますか？

声は大事です。視覚ではなく、耳から訴える美しさがあります。ある意味、顔の良し悪しと違った次元の美しさです。

声が心地いい。これだけで得をします。

たまに聞こえてくるのが「声がいいだけで、内容がなくても、いい話聞いたな、すごいなと思う」という意見。満足感や感動があり、そしてちょっと好きになってしまうことすらもあるらしいです。

確かに、みなさんの周りにも、声だけで説得力がある人がいるのではないでしょうか？　声がいいと、清潔感がある気がします。**「なんて綺麗な人なんだろう」と思えるのです。**

では、具体的に声のためには何をすればいいでしょうか？

育てたいのは、華やかで、温もりのある声です。

まず、いい声は、まっすぐな姿勢から生まれます。

「まっすぐな姿勢」とは、壁に背中をつけ、肩も壁につくように立ち、お尻から頭の先までまっすぐにしたもの。体の中心にサランラップの筒があるようなイメージでいましょう。

ポイントは、スポンとリコーダーやフルートが組み込まれているような「筒」を感じることです。**その筒の中を声が通りぬけるようにイメージすると、あなた本来のにごりのない声が出ます。のどからではなく、お腹から出るように心がけます。**

まっすぐに姿勢を正したら、お尻をきゅっとしめ、お腹に力を入れます。こうすることで下がった内臓も正しい位置に上がるので、声が美しくなるだけではなく、見た目の体も美しく整うという嬉しい効果もあります。

声はのどではなくお腹からすっとまっすぐ口から出るイメージです。正しく声が体の中を通ると足の先から声の振動が伝わります。自分の体を管楽器のようにイメージし、発声することを心がけましょう。

声のためには、日頃のケアも重要です。

基本的には、いつも声帯を潤わせることを心がけましょう。常温の水をこまめにとり乾燥を防ぎます。のどまわりも温めましょう。冬はハイネックやマフラー、夏も冷房がきいている場所ではストールです。のどを温めるネックウォーマーや、ネックマスクなどもおすすめ。

違和感を感じたときには、マヌカハニーを舐めるなどして寝ること。排気ガスやたばこなど煙が充満する空間にいた日は、うがいをしたり、これもマヌカハニーを舐めて除菌しましょう。

話すときには、ハッピーなことを話します。ネガティブな言葉を発声するときにはのどがしまる場合が多いからです。

そして、おすすめは歌うことです。

話す音域は意外と狭いものです。正しい発声で、普段より広い音域の歌を歌うことで、声がなめらかになり、声自体に表情が出ます。

声の質のために効果的なことがもうひとつ。声を録音しましょう。録音の方が本当の声で、思ったより低いでしょう。自分の声の特徴を知り、改善しましょう。

可愛く笑うには、口は横に開く

せっかく笑うなら、可愛く笑いましょう。

笑顔は最強です。どんな美人よりも、たくさんの人の心に入れます。ぜひ、笑顔を可愛くするいくつかの方法を知っておきましょう。

まず、口は縦に開くのではなく、横に開くように笑いましょう。ピュアで無邪気な雰囲気が出ます。頬がきゅっと丸くなり目もとろんと下がり、このバランスが子供の可愛さと大人の優しさを出してくれます。だから、口角を意識し左右にひっぱるように広げ笑います。反対に、口を縦に開くと顔が伸び、顔の丸みが崩れて老けて見えるので、気をつけましょう。

笑顔がより可愛く見えるメイクもあります。

まず、リラックス感を出すよう、眉は淡い色を使いましょう。そして、やや下げ気味に描きます。また、眉頭はふさふさに見えるよう仕上げましょう。リラックス感が増します。眉マスカラを眉頭の逆毛をたてるようにして塗り、ボサッとさせてから、毛を上向きに立てるようにします。

眉の次に大切なのは涙袋です。笑ったときに、涙袋がぷっくりすると幸せ感が増して見えます。**ぷっくりさせるには、涙袋にほんのりピンクっぽい色のクリームハイライトをのせます。**不自然に見えないために、指を使ってください。とんとんとんとキワ3ミリ幅にのせましょう。色も、肌に溶け込む自然なものを選んでください。

また、頬にもハイライトを入れましょう。位置をきゅっとあげ、丸く見せることができます。クリームのハイライトを、親指と人差し指で丸をつくったくらいの広めの幅にのせます。その上に、チークを丸く重ねましょう。

口元は口角がきゅっと上がって見えるように、上唇の口角を2ミリほど上げるように描きます。マットなルージュ、もしくは塗るルージュの色と同じ色のマットペンシルで描くと、自然な、消えにくい口角になります。

イライラはブスのもと

イライラをため込むと、ブスになります。かといって、生きている以上、イライラはなくなりませんよね。

筋肉が少なくなると、イライラや不安になりやすいということもわかっています。月に数回は体を動かし、筋力が落ちないよう意識しましょう。

そして、「鉄分」が足りているのかも大切なチェックポイント。

もともと女性は鉄が不足しがちですが、ストレスがかかると、鉄は不足します。そうなると、イライラ、不安感が増え、疲れやすく、顔や体がくすみ、むくんだりするので注意しましょう。ベストなのはクリニックなどでの血液検査で確認し、足りないようであれば、サプリなどを取り入れることをおすすめします。

もうひとつ、食事の時間を大切にすることも重要。

食事をしているときに、喧嘩をしたり、仕事をしたりなどのストレスを受けると、免疫力が下がるそうです。食事は楽しく笑いながらする。これだけでもイライラはたまりにくく、今あるイライラも解消しやすくなります。

なにより、笑いましょう。気の知れた友人と笑いあう、お笑いや映画を見て笑う。笑うことを大切にできる人は、イライラには強いです。

スキンケアの心得

いつでも綺麗な肌を保つ秘密があります。

それも、生まれつき肌の質がいいとか、エステに通っているとか、どうしようもなかったりお金がかかることではありません。

スキンケアをするときのちょっとしたクセづけが大切です。

次の項から、それをお伝えします。

まず、必ずハンドプレスをすること

化粧水も美容液もクリームも、ハンドプレスをすることにより肌の中に浸透します。

基礎化粧品を塗ったあとは毎回、手のひらを広げ、肌を包み込みます。手の体温とスキンケアコスメを、肌の芯までじわじわと染み込ませる感覚が大切です。顔の上で、塗ったものが動かなくなるまで行います。

その後、目周り、口周り、鼻周りなど細かい部分を、指の腹を使って同じ要領でハンドプレスしましょう。決して肌をごしごしこすったり、肌を動かしたりしないようにしましょう。**基礎化粧品を塗ってからハンドプレスをすることはクセにしましょう。**

説明書を必ず読むこと

どこにどう効いて、自分の肌をどう変えてくれるのかを理解することで、なじませる手が丁寧になり、実感が高まります。理解し、期待し、実感する。これを大切にすると、なぜだか肌にいいのです。

また、使う量も重要です。説明書の適量以上を必ず守ること。

いつもより乾燥したり、しぼんでいるなと感じるときには、適量よりちょっと多めの1・5倍を使いましょう。

スキンケアをして、15分後にもう一度肌チェックすること

スキンケアができたと思っていても、足りていないことがほとんどです。

15分したら手のひらでやさしく肌に触れ、もちっとしているか、かさっとしているかを確認しましょう。もっちりとすいつくような肌になっていないようであれば、もう一度クリームや乳液を重ねること。

足りてこそ初めてスキンケアが完了することを忘れないことです。

朝も夜も、同じように両方確認してください。

また、寝る前にクリームをのばさず、こってりそのまま塗ると肌がものすごく保湿されます。おでこと、目の下すぐの頬のあたりにおくのがいいでしょう。ここが綺麗に見えると、肌全体が綺麗に見えます。

スキンケアは裸で

スキンケアは裸で行います。

こうすることで、首や首うしろ、耳、デコルテ、肩、バストまでしっかりケアができます。

歳を重ねるごとに気をつけたいのが、顔と体の境目に質感のギャップがでてくること。美しく生きていくためには、境界線をつくらず、どこもかしこも綺麗な肌を育てることを、強く覚えておきましょう。

夜はべたべたで寝る

夜のスキンケアの最後のクリームや乳液は、まくらやふとんにくっつくほどべたべたにつけること。

べたつくのが気持ち悪いという人もよくいますが、すぐに慣れます。べたべたでない方が気持ち悪い、くらいになれば一生肌は綺麗です。

潔くべたべたで寝ること。ただ、小鼻のまわりやニキビのできやすい部分は薄めに塗りましょう。生理前の一週間も少なめに。これで翌朝の肌はつるつるもっちもちのツヤツヤです。

目と口のまわりはパンダのように塗る

目を小さくしたくないなら、目はパンダの黒い部分くらい広めに、アイクリームやクリームをたっぷりと塗ってください。

そして、口元はオバQの口くらい広めにぐるりとのせます。

こうすることで、目が小さくなるのはもちろん、目の周りのしわやくぼみを予防でき、口まわりは梅干しジワやへの字口を防ぐことができます。

目や口は、それを囲む肌までしっかりケアすることが重要です。

ニキビができているときや、乾燥がひどいとき、肌が揺らいでいるときには、クレンジング剤は使用しないように。洗顔料だけで落ちるメイクをしましょう。

また、花粉の時期や日焼けのあと、生理前など肌の調子が何だか悪い日は、※敏感肌用のラインを揃えておき、それを使うと悪化しません。

※サエル／ディセンシア
※カロチーノジェル／セルキュレイト

第 5 章

自分

自分のことをきっちり把握しておかないと、
イザというときに足をすくわれます。
自分の顔の形は面長なのか、横長なのか。
この人は、自分に害を与えるのか、そうでないのか。
自分を客観的に見る目を持つことが、
自分の力になります。

自分の「嫌い」な部分は、ピンポイントできっちり把握する

例えばレゴのパーツのように、自分のパーツをひとつひとつ選んで、「好きなものだけで完成させた自分」ができれば、自分のことがすべて好きになれるでしょうが、生まれもった外見がすべて自分の好みと一致することなんてありません。

だから、今の自分を楽しむ工夫は、どんな人間でも必要です。そんなときに試したいのが、「嫌いなものをなくす」ということです。

あなたのコンプレックスを、きちんと的確に把握しましょう。顔が大きいとか、ウエストがないとか、いろいろあるはずです。

たとえば背が低いのが嫌いなら、うっとりするようなヒールの靴を見つけましょう。顔が大きいのが嫌いなら、顔が小さく見えるパフスリーブを着ましょう。唇が薄いのが嫌いなら、マットなリップで2ミリ大きめに唇を塗りましょう。ウエストがないなら、ヒップで広がるスカートを履けば、ウエストができます。

不可能そうに思えることでも、嫌いな部分をなくす方法は、ピンポイントで探せば意外と多くあります。「モヤモヤとなんとなく」ではなく、「ここが嫌い」という点をきっちり出し、向き合うことできっと自分のことが面白くなってくるはずです。そして、自分の欠点に向き合う人は可愛く、人間的な魅力も出てくるような気がします。

自分の顔が横長か縦長かをわかっていると、美人になりやすい

あなたの顔は、縦が長いですか？　それとも横？

縦長の顔なら、顔の中は横幅をだすようなメイクをしましょう。バランスがとれ綺麗な顔になります。横長の顔なら、反対に縦の幅を増やすメイクをすることです。

まず目です。縦長ならば、目の横幅が増えるよう、22ページの目をつくった後にアイラインを平行に3から5ミリくらい長くひき、マスカラも目尻に重ねづけします。

ただ、チークは丸く入れましょう。こう入れると、肌色の部分が少なくなり、長さを感じさせません。円は眉尻から外に出ないように気をつけましょう。あごの先端を切り落とすように横にローライトで線を引き、外側をぼかすと、顔が短く見えます。

横長の顔ならば、縦のラインを際立たせること。

まず、鼻筋に細くハイライトを入れます。顔の中心に光の柱をつくることで、縦の印象がだせます。チークはジェリービーンズのように横長の丸にしましょう。こう入れることでこちらも肌の面積が少なくなり、横を強調させません。あご先にはハイライトを入れます。こうすると、あごがきゅっと際立ち、すっとします。

そして、額からもみあげにかけて、影をつけるように暗めのローライトをのせて、顔の横幅を削りましょう。

人間関係を切ることも大切です

5
自分

わたしの敬愛する人が、こんな話をしてくれました。

人はみな菌を持っていて、その菌は話したり、触れたり、一緒にいることで「うつる」。同じ空間にいたり、一緒に笑ったりするとその人の菌をもらえたり交換できるらしいのです。「だから、肌が綺麗な人と一緒にいると、肌が綺麗になれるのよ」だそうです。いい菌をもっている人と一緒にいましょう。

「こうなりたい」「こんな人が好き」「この人といるといい自分になれる」。そう思える人と一緒にいることは、最優先事項です。

仕事など、自分の意思ではどうにもならない場合は除き、他はできるかぎりそうあるべきです。嫌な人と無理して関わっていては、ストレスがたまってブスになります。もしかしたら健康を崩す要因にだってなりかねません。**自分の本当の良さだって、もちろん発揮できません。自信がなくなるだけです。**

自分にいい影響を与える人は、自分の財産になります。メイクが上手くなりたいなら、メイクが上手い人。こんな仕事につきたいと思うなら、その仕事の第一線で走っている人。できるだけその空気に触れて過ごしましょう。

写真写りがよくなるコツを知る

写真写りはいいに越したことはありません。一瞬だけを切り取る写真は嘘がつけます。それもかなり高質な嘘です。ずっと残り、誰もが目にできてしまうものだからこそ、最高に綺麗な自分で写れた方が得に決まっています。

しかし、写真は、往々にして実物よりブスに写るときがあるので、テクニックが必要なものでもあります。

写真写りのコツを知っておきましょう。

写真写りには光が大切です。

何があっても明るいほうに顔を向けておいてください。写真写りがいいのは、カメラが明るいほうにあり、自分は暗いほうに立つ場合です。

自分で写真を撮る場合は、直射日光が当たる場所は避け、やわらかい光がある空間で撮りましょう。

また、写真に関しては厚化粧の方が美人に写ります。証明写真などを撮るときなどもメイクを濃くしましょう。

いちばん美しく見える顔の角度は、壁にまっすぐ背中と後頭部をつけ、そこから1センチだけあごを引いた角度です。あごが下がりすぎると頭が大きく見えるし、あごを上げ過ぎるとあごが長く見えます。

体は斜め45度くらいにねじったほうがウエストが細く見えます。体はねじりつつも、顔は正面から15度くらいがベスト。これは絶対に覚えておくべき基本です。

そして、笑顔で写りましょう。口を閉じたいときは、口角を上げるのは5ミリまで。5ミリ以上上げるとあごと頬がまん丸に見えてしまいます。それ以上は歯を見せて笑いましょう。口を半月くらいあけるとあごやフェイスラインが綺麗に写りますよ。

アップで撮るときには、手を入れると顔が小さく見え、女っぽい雰囲気もでやすいです。頬づえをつくように、自然に手を添えたりすると顔の形も綺麗に見えます。

数人で撮る場合のコツもあります。まずは端にはいかないこと。カメラは、端にいけばいくほど伸びたり膨張して写ります。だから、できるだけ真ん中のポジションをとるようにしましょう。どうしても端になってしまった場合は、できるだけ中心に顔を寄せます。このとき、顔は真ん中に向かって45度くらいにしましょう。真ん中に行きたい一心で横を向きすぎると、顔が大きく見えてしまうから気をつけてください。

写真写りがよくなるメイクもあります。

まず、眉山から眉尻の色を少し濃くしましょう。眉頭から、眉尻にかけてだんだんと濃くなるような、自然なグラデーションになります。たったこれだけのことなのに、目がはっきりくっきりと見えます。眉の太さも重要です。目の縦幅の3分の2くらいの太さはほしいです。細い眉は、顔を大きくのっぺりと見せますので、しっかりした太さが必要です。

そして、ハイライトをおでこの真ん中、頬、鼻筋、あご先にのせます。これで、顔の中央に立体感が出て小顔になります。また、ローライトをおでこからもみあげまでぐるっと髪の生え際に仕込めば、より小顔になります。

それから、ジェルアイライナーで、上まぶたの内側の粘膜の部分にインサイドラインを入れましょう。色は、黒かダークブラウンがいいでしょう。また、濃いルージュもおすすめです。

つまり、大事なのはパーツをはっきりくっきり見せて小顔にすること。このふたつを念頭に入れておけば、驚くほど綺麗に写ります。

同じ顔にするのは、フェイクのもの

綺麗で可愛くても、他人と同じ顔になるくらい残念なことはありません。

まず、だれかに覚えられないし、自分らしく生きているという感じがしません。また、同じ顔になると、似ている誰かと比べられることもずっと多くなってしまいます。違う顔なら見過ごせること、気にならないことが、大きくクローズアップされてしまうのです。

同じ顔になってしまう原因は、「フェイク」です。**エクステやカラコンは、顔自体を変えてしまうものなので、結果みんな同じ顔になってしまいます。**アプリで同じように加工した顔もそうです。同じようにつくった顔は、同じ顔になります。当たり前ですね。

同じ顔になるなんて、そんなもったいないことはありません。

自分らしく生きている雰囲気が美しさを生み出すもの。それがいちばん心に響く人です。

ぜひ、個性を打ち出す、自分だけの顔になりましょう。

寝不足のときは、免疫力も下がるし顔もくすんだりとブスになります。肘の内側、ひざの裏、脇を指で押して血液をめぐらせましょう。挽回できます。

深呼吸しながら頭皮をこぶしでグリグリするのも効きます。

ただそうするだけで、「特別」に見えるものの存在は覚えておきましょう。

たとえば、デニムとTシャツのときに、マットな赤ルージュをつけること。計算しつくした、究極のシンプルに見せます。また、ワンレンであごラインのボブにすると、フェイスラインやデコルテをそれはそれは美しく見せます。

スペシャルに髪を美しく見せたい日のアイロンは玉ねぎスライス

5

自分

「あの人生まれつき髪質がいいのかな」と思わせる、特別にキューティクルがそろった髪は、「ヘアアイロン」を使うとできます。今日は髪をきれいに見せたい日は、ぜひやってみましょう。

このときのアイロンの極意は、玉ねぎのスライスくらい髪を薄くとることです。サラダやカルパッチョに添えられている、薄く透明感のあるスライスを思い浮かべましょう。

そのためには、こまかくブロッキングをすることです。まず、うなじの髪だけを薄く残し、残りの髪はクリップですべて上にまとめましょう。

そして、アイロンを横にし根元から挟んで、斜め下に向かって抜きます。このときにアイロンで髪を潰すように力をかけ、毛先まで綺麗に抜きましょう。

力の強さは根元ほどしっかりかりし、中間くらいからほんの少しだけ力を弱めます。こうすることで、毛先に柔らかさが出て、つんつんと強い毛先になりません。

こうして左から右へ5回くらいずつとって、仕上げていきましょう。1センチくらいとると、たまねぎスライスくらいになります。こうして、一段終わったらまた上を同じように仕上げ、頭頂部まですすめていきます。段は少なくとも6段くらい繰り返せばよく、細かくかければかけるほど上質な髪に見えます。

顔周りやもみあげなど、細かい部分はヘアアイロンが横だと根元まであたりにくいので、アイロンを縦にしその先を使って、1センチ幅くらいに毛束をとり挟んであてます。


こうして、こまかく丁寧にすることで、どんなくせ毛でも生まれ変わったような美しい髪になります。


ここでの、大きなポイントがもうひとつ。毛穴が正しい向きのままかけられるよう、髪が放射状になるようにアイロンをかけること。**栗やウニのいがいがのような感じです。あの棘の方向に髪を伸ばしていきましょう。**

こうすると、毛穴が正しい位置に向き、頭皮はふんわり、頭の形もよく見えます。

ボリュームを抑えようと、すべての髪を下に引っ張ってかけてしまうと、毛穴が下むきにつぶれてしまい、後頭部もつぶれ、鉢が大きく広がった不恰好な頭と、動きのないべたっとした髪になってしまうので要注意です。

ときに鈍感に

気がつかない、突きとめない。
これができると、傷つくことが減ります。
鈍感さを持てたら、生きやすくなります。

第6章

育てる

人は歳をとるからこそ、「美しさを育てる」時間が
大切になってきます。
これが長ければ長いほど、美しさは長続きします。
とにかく保湿をしましょう。
スタイルの維持も
努力すれば結果が出ます。

クレンジングは
基本肌に負担をかけるもの
と覚えておく

肌荒れや、乾燥、ニキビが気になる。そんなときに、化粧水より、乳液より、美容液よりも、まず見直すものがあります。

それはクレンジングと洗顔です。これをなによりもまず第一にしましょう。

まず、落とすアイテム選びが大切です。クレンジングは、基本「肌に負担をかけるもの」ということは覚えておきましょう。メイクを落とすものだから、これはしょうがないことです。だからこそ、適当にアイテムを選んでしまうと、とても肌を痛めてしまいます。

クレンジングは、洗浄力が強ければいいというものではありません。自分のメイクの濃さに合わせて、しっかり落としながらもマイルドなものを選んでください。

落ちにくいファンデーションやポイントメイクなら、洗浄力の強いオイルを選び、普通のメイクであれば、クリームやミルクをおすすめします。私は、基本はクリームを使っています。クリームやミルクは、基材に厚みがあり、肌をこすってしまうことがありません。

もっと確実なものを選びたいときは、使っているファンデと同じブランドのものを選びましょう。そのファンデを落とすために開発されているので安心です。

洗うときは
「Tゾーン」から

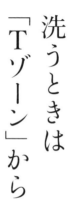

洗い方も大きく肌を変えます。もし、きちんとアイテムを選んでいるのに肌が荒れるという人は、洗い方を見直してみましょう。

まずは、Tゾーンと小鼻のまわりからクレンジングをスタートします。ここからクレンジング剤をなじませていきましょう。この部分は比較的肌が強く、皮脂分泌も多いので傷みにくく、ここからスタートするのが安心です。指全体を使って、優しく、くるくると螺旋をえがくように、肌の上のクレンジング剤とメイクを「混ぜ」ます。**この混ぜるという感覚が大切です。**次に、Uゾーン、そのあと頬、おでこと広い部分にいきます。そして、日焼けどめを塗った首やデコルテにもやさしく広げ、汚れを取り除きましょう。

最後に、目と口周りです。この部分はとてもデリケート。ポイントは、「手早く」です。クレンジング剤を長くおいて、必要な皮脂まで溶かしてしまわないようにします。この部分だけは、中指と薬指の腹を使います。転がすイメージなのは同じです。

メイクと汚れがクレンジング剤と溶け合ったら、人肌くらいのぬるま湯を手のひらにとり、お湯をやさしく肌の上にすべらせるように洗い流していきます。このときも、手で肌をごしごししないようにしましょう。

クレンジング1分半、洗顔1分半が目安

洗顔も、プロセスは同じです。

洗顔でいちばんおすすめなのは石けんです。洗顔用の石けんを選びましょう。洗顔で大事なのは「落とす」ことに徹すること。石けんには比較的余分なものが入っておらず、いちばんシンプルに汚れを落としてくれます。保湿など別の成分は、他のコスメで補えます。落とすことに集中しましょう。

洗顔のポイントは、「たっぷりのきめ細かい泡」です。手のひらに山盛りになるくらいの泡を、手やネットでたて、クレンジングと同じ順番でなじませましょう。

泡はもちもちに弾力があって、きめ細かくなるようにつくってください。そして、ケーキのスポンジの上にホイップクリームを塗るように、肌がむき出しにならないよう肉厚の泡を転がしていくようにしましょう。

クレンジング1分半、洗顔1分半が目安です。「クレンジングは基本、肌に負担をかける」を念頭に、あまり長く洗顔料やクレンジング剤を顔の上に置かないよう、丁寧にやさしく、すばやく落としましょう。

肌に負担をかけるものは必ずきちんと落とすこと

私が忘れずやっていることに「肌に大きな負担をかけるコスメは、絶体にきちんと落とす」ということがあります。ここだけは、面倒でもきちんとやっていると、肌全体の老化やトラブルを防げます。

いちばん気をつけたいのが、マスカラやアイライナー、そして、はやりのティントリップや落ちないことが売りのロングラスティングのリップです。落ちにくいものは、肌に負担をかけるものが多いので、使った日は落とし方を少し変えましょう。

目周りは、ポイントメイクアップリムーバーを使います。

唇は、そのポイントリムーバーをそのまま使うと簡単ですが、強いものなので、よりやさしくマイルドに落としたい人は、次の方法を試してください。まず、乳液をコットンにのせ、唇をやさしくふき取ったあと、厚みのあるバームやセラムを唇の上にたっぷり塗り、指でくるくると汚れとなじませます。そのあと、通常のクレンジング剤で落としましょう。

メイクアップリムーバーは洗浄力がとても強いので、刺激は特に強いです。**ティントリップは頻繁には使わず、お湯で落ちるマスカラやアイライナーを使うなどの工夫をし、できるだけ強いものは避けるというのもいい選択です。**

モデルや女優は体を絶対に冷やさない

20代の頃は、「上出来」な日が週3、4日はあるけれど、30代なら週2、3回、40代なら1、2回と、どんどん「出来のいい顔の日」が少なくなっていきます。

そんな中、いつ見ても、どんな時間も美しい生き物たちがいます。それが、女優やモデル。どうして彼女たちは美しくいられる時間が長いのでしょうか。

売れっ子なら、睡眠不足のことだって大いにあるでしょう。そんな中で、いつ見ても美しい彼女たちには、理由があります。

彼女たちは、体を冷やさないことを徹底しています。

撮影の休み時間や待ち時間、支度時間には、必ず靴下を履き、毛布や長いダウンコートのロケジャンでぐるりと体を包み込んでいます。冬には、そのロケジャンの中にも履物にもカイロが張り巡らされています。夏でも飲み物は、常温かホットです。

また、1年中眠るときには裏起毛の長ズボンです。毎日できるかぎり、バスソルトやバスオイルを入れた湯船にしっかりつかっていて、冷えにくい体を育てています。

冷えない体は、肌が透明で、幸せそうな血色感が滲み出ます。また、目は潤み、手足はすっきりとしたラインを描き、ウエストがくびれます。冷やさない習慣、温める習慣こそ、綺麗を長引かせるコツです。1年中上着やストールを持ち歩きましょう。

澄んだ目の大人になるには目薬

年齢を重ねると、顔は透明感をなくし、濁りを増していきます。くもる、それだけのことなのにとりまく空気も生気をなくし、美しさも色気もなにもかもが激減します。そして、その透明感をつくりだすのは、「白目」です。**実際、白目がクリアになる目薬をさすだけで、ファンデーションもチークの色も変えていないのに、肌の透明感はあがります。**※目薬をさすというたった数秒で。

目薬は、朝と夜のスキンケアの流れで一回ずつ、そして昼と夕方と日中にも2回ずつさしましょう。目が疲れると血管が広がり、充血の原因にもなります。疲れを感じたとき、そして精神的にもストレスを感じたときは、点眼するとリフレッシュにもなります。濁りのもとはそのときそのときで取り除いていきましょう。

透明感をあげるのは、顔の他の白い部分、「歯」もです。歯をホワイトニングしただけで、笑顔が10倍は鮮度を増し、ヘルシーな色気がでます。白はものすごく大事です。ただ、目は歯と違って、ホワイトニングができないからこそ、できるだけ濁らないよう早めにケアを始めたいものです。

目のために、まずは何よりも紫外線の防止です。

サングラスやメガネのレンズは、紫外線を通さない、紫外線透過率が低いものを選

※ Naphcon-A Allergy Relief Eye Drops／Alcon

びましょう。コンタクトレンズもUVカットのもの、もしくはコンタクトレンズにプラスして、だて眼鏡やサングラスをかけると効果的です。

また、ブルーライトからも目を守りたいものです。メガネやパソコン、スマホに貼りつけるブルーライトカットフィルムもいいでしょう。**ブルーライトは肌の老化にもつながることがわかっているので、自分の綺麗を守るためにも必要です。**タバコや、お酒の飲みすぎも白目が濁る原因になります。

疲れたときや、1日の終わりには、目を温める習慣もすばらしいです。ホットタオルや、つけるだけで温まるアイマスクなどを、仰向けになった状態でそっと目の上にのせます。凝り固まった目と目まわりのコリがほぐれ、血流もよくなります。できるなら、このとき、パンダの黒い部分くらいにアイクリームやオイルを塗り、その上にラップをしましょう。その上にホットタオルやアイマスクを置くと、より疲れがとれます。**これは、目の周りのシワやたるみに悩んでいる人にもおすすめ。**これを習慣にすると、目の透明感はもちろん、目周りの肌のなめらかさやハリを育て、シワやたるみやくぼみも防ぐことができます。

そして、アイクリームも強力な味方です。

最近のアイクリームは、肌をなめらかにするだけではなく、目のまわりの眼輪筋にアプローチし、まぶたのたるみや目の下の落ちくぼみをなくしてくれます。目を大きくしたり、くっきり見せてくれたりするので、ぜひ取り入れましょう。アイクリームはスキンケアに必ず足してください。

そして美しいものを見ることも大切です。美しい色、美しい景色、美しい服やアクセサリー、ときめく人。とにかく、心に触れる美しいものを見ましょう。ときめきは、目のうるみに変わります。

それから、個人的に実感しているのは、泣くこと。

映画や心震えるシーンで、心のまま泣くことです。思い切り泣くと、翌朝、顔のむくみがとれ、しゅっとひとまわり小さく、目ははっきりと大きく、白眼は透明に、黒目はうるみ、顔がとにかく可愛くなります。よけいなものが放出され、いろいろな部分のむくみがとれ透明感を取り戻します。「あんまり泣いてないな」という人は、月に2回を目安に思い切り泣くのもいいでしょう。

たくさん食べた日は、半身浴をする

よっぽどでなければ1日では太りません。

食べ過ぎた次の日に体重が1～2キロ増えるのは、塩分や糖質を摂りすぎて体が水分を蓄えてむくんでいるだけです。

つまり、食べ過ぎた翌日から2、3日をどう過ごすかで本当に太ることを防ぐことができます。この数日間で、体脂肪に変わる前に手を打てば安心です。

まず、効くのは半身浴をすること。

できれば30分以上です。たっぷり汗をかき、芯まで温まることで、代謝があがり、寝ている間もカロリーを消費しつづけることができます。余力があれば、マッサージもプラスしましょう。特に脚とお腹まわりをしっかりもみほぐすこと。これだけでも、翌朝はかなりすっきりします。

食べ過ぎた翌日の食事は、カリウムを積極的にとり、体の中に溜まった水をいち早く排出するように意識しましょう。納豆、アボカド、ニラ、切り干し大根、山芋、モロヘイヤなどがいいでしょう。普段から野菜と海藻をメインにすることで太らないクセがつきます。いつもより意欲的に動くことも効果的です。エスカレーターを階段にしたり、1駅歩くなども心がけましょう。

どんなに顔が可愛くても、肩と腕がタプっとして貫禄があると、オバサンです。

それは20代でもです。

だから、肩と腕がオバサンになるのを避けるためのマッサージを覚えましょう。

反対側の手で、脇の下に手を入れ、そのまま脇をつかんでもみほぐします。その後、腕をその手でつかんで、ぐっと上に向かってしぼりあげましょう。様々な角度から、何度も腕がポカポカするまで行います。気づいたときに行えば、しなやかな肩と腕になります。

つけている間に美白をしてくれるファンデーション※があります。
一日中マスクをしているようなものです。
夏にぜひ使ってみましょう。

※薬用 美白美容液ファンデ／HAKU

化粧水で特別な肌をつくる

持っている化粧水で、透明感があって美しい、オイルなどではつくれない透き通った肌がつくれます。

まず、洗顔後、コットンを化粧水でひたひたにしたら、顔全体をくまなく湿らせましょう。コットンを使うことで、化粧水を肌全体に密着させられます。目まわりや小鼻など、こまかい隙間までしっかり行いましょう。耳の後ろや首のうしろ、デコルテまでも湿らせます。

次に、ハンドプレスをします。今度はコットンではなく手に化粧水をたっぷりとり、顔じゅうにより染み込ませていきましょう。手のひらのぬくもりを顔の芯で感じるくらい、優しくぎゅーっと手のひらで包み込むように入れ込んでいきましょう。首やデコルテも忘れずに。これがハンドプレスの正しい方法で、ただ塗るのとは違い、格段に浸透力が変わります。1度染み込ませたら終わりではだめです。

肌の中が寒くなり、ぶるっと身震いするくらいまで何度も何度も繰り返し、手のひらで化粧水を肌の奥に入れ込みましょう。バシャバシャ使える化粧水でも、高機能の化粧水でも方法は同じですが、高機能のものだと、よりなりたい肌に近づけます。

肌がくすんだ日や、かたい日は、大きめのコットンにたっぷり化粧水を含ませて顔中にのせましょう。その上からラップをしてみてください。ラップは、鼻から上に一枚置き、鼻の部分をあけて、また下に一枚です。こうすると、クリームやオイルでつくる透明感とも違う、冷たいような、抜けるような透明感のある肌になります。

学校でやっておいたほうがいいこと

学校で身に着けられる最たるものが、人間関係です。

人間関係というものには、一生悩みがつきません。

異性でも同性でも、この時期にいろいろな体験をしておくと、あなただけの人間関係の対処法が編み出されます。

ポイントは、戦いどきと逃げどき。

心の通わせ方と諦めどき。

まだまだ、心が若いときに人間関係のバランスのとり方を身につけましょう。

セルライトを撲滅する
シャワーの浴び方

足を細く、つるんと丸いヒップにするには、セルライトを撲滅することです。

セルライトは血流が滞ることでできます。セルライトができると、さらに血流が悪くなり、むくみ、足や腰周り、お尻を太くします。

セルライトに効くシャワーの浴び方があります。簡単ですので、ぜひ入浴時に取り入れましょう。

まず全身にシャワーを浴び、体を温めます。

次に、足の裏、足首、膝裏、足のつけ根、お尻、腰まわりの順で、熱めのシャワーを勢いよくあてます。**マッサージでも何でも、末端から心臓に向かって行いますが、下からの順番で行うと、血のめぐりがよくなります。**

1カ所1分ずつ、肌が赤くなるくらいが目安です。

これを行うことで脚はむくみにくく、細くなり、肌のボコボコもなくなり、つるんと見栄えのいいヒップや脚、下っ腹になります。この後、半身浴をするとさらに効果的です。

第 7 章

歳をとるということ

女である限り、歳をとることを見つめて
生きていかなければなりません。
美容医療やスキンケアは、
とりかかるのは早ければ早いほどいいでしょう。
綺麗が長続きします。

早ければ早いほどいい美容医療

10年、20年前の自分に教えてあげたいことがあります。それが、「美容医療」。入れたり、切ったりに代表される、あのジャンルです。

この分野に対しては、正直批判的というか、医療に頼るなんて、と思っていた部分がありました。今は完全なる食わず嫌いだったと反省しています。

美容医療との上手なおつきあいは、大人の必須科目です。

美容医療は、ハードなものばかりではありません。**おすすめなのは、たるみを引き上げたり、肌を痩せさせないレーザー。**肌の透明感を上げ、自分自体の力を衰えさせず、維持し、引き上げるものです。

こういったものを取り入れている同年代はもちろん、先輩方の肌は、うっとりするほど美しいです。あるクリニックの先生が言っていました。

「顔や肌は家と同じだよ。家を建てたら、日々少しずつメンテナンスをしていくでしょう。そうすれば、10年後はもちろん20年後だって変わらず住むことができる。今からメンテナンスをしていったら10年後も今の綺麗を楽しめるから」。ちなみに、それはエイジングに悩む前から始める方が綺麗が長続きするそうです。できるだけ早く、美容医療を選択肢に入れるのはとてもいいです。

加齢とともに、全体的に顔は落ちてきます

人間ですから、歳をとるたびに、しわは確実に増えます。

これは生きていればしかたのないことです。

じつは私は、もう小さなしわやゆるみは、それほど気にしなくてもいいかなと思っています（もちろん、できる限りケアをして、今の自分を長く維持したいとは思っています）。でも、たとえば小さなしわは笑って刻まれた笑いじわも多く、歳を重ねた分、これまでの人生の思い出と引き換えにしわとたるみがあってもしょうがない、思うようにしています。

ただ、しわやたるみはＯＫな代わりに、これだけは譲れない、絶対にないといいものがあります。

それは、大きく濃いシミ、肝斑《かんぱん》、そしてにきびです。どれも顔の見え方を変えてしまいます。次の項目で、そのふたつを防ぐ方法を説明します。

大きなシミはないほうがいい

まず、シミを防ぐためにできることは、毎日の努力しかありません。基本は、「コスメ」と「インナーケア」です。それにレーザー（クリニック）を入れると完璧です。季節に関係なく毎日の日焼けどめは基本です。美容家はみんな毎日裸で、首やデコルテまで必ず塗っていますが、服から出ている部分はマストです。また、日焼けどめは、パウダーやファンデーションを上から必ず塗りましょう。**粉を重ねることで、より肌を守れます。**リキッドやクリームにも粉は配合されています。

コスメは、紫外線が強くなる5月になったら、基礎化粧品のラインをすべて美白にしましょう。それを9月まで続けます。また、一年中、美白美容液や高機能のクリームをいつものケアに追加しておきましょう。

そして、インナーケアですが、紫外線の強い場所に行くときには、飲む日焼けどめ[※1]もあわせて飲みましょう。

また、クリニック[※2]で直接しみや肝斑《かんぱん》をとるのもいいでしょう。**10月から3月の間に行きましょう。**せっかくとったのに紫外線にあたるとまたできたり、さらに濃くなることもあります。

物理的に紫外線に当たらないのもとても有効です。可愛い色のUVカットカーディガンや、日傘やサングラスや帽子など、おしゃれを楽しみながら、紫外線から肌を守りましょう。サングラスは、UVカット加工をされているものを選びましょう。もしUV加工をされていないものであれば、濃い色のものではなく、淡い色のレンズのものを選びましょう。

ストレスでシミができるということもわかっています。

ストレスを自覚している人は、ストレス性のシミに効くコスメもあるので、ぜひ使ってみてください。

※1　ザ ホワイトシールド／タカコスタイル
※2　ウォブクリニック中目黒、青山ヒフ科クリニック、アヴェニュークリニック、松倉クリニック＆メディカルスパ

ニキビができない、週2回の酵素洗顔

ニキビができる原因は、もともとの肌質、ストレス、ホルモンバランス、食事などいろいろです。ニキビははっきりとできる前が勝負。①できるだけできないようにする予防方法、②でき始めの対処法を覚えておきましょう。

まず、予防です。ポイントは、毛穴が詰まらないようにすること。**そのためには、肌がかたくならないようにするのがいちばんです。**「酵素洗顔」は最強です。週に2回、酵素洗顔をするようにしましょう。肌の余分な角質を落とすので、肌の生まれ変わりをサポートして、柔らかく保ってくれます。習慣化するとそれだけで綺麗な肌になります。

アクネ菌のエサになるような成分が入っていない、ノンコメド処方のコスメもあります。ニキビに悩む人は、ニキビができそう、あるいはできたら切り替えるのもいいでしょう。油分の多いコスメを避けるだけでも違います。もちろん、無理につぶすのは厳禁。もしでき始めたら、成分にカレンドラが入っているクリーム※が効きますので、常備しておくと安心です。

私は、歳とともにニキビのあとが残りやすく、シミになったり、クレーターのように穴があくことが多くなったので、クリニックでの薬を常備するようにしています。

※ カレンドラ ケアクリーム／ヴェレダ
CA モイスチャライジングクリーム／ジュリーク

体を垂れさせないためには「肩甲骨」

歳をとるということは、お尻が垂れ、バストはさがり、背中は丸くなることです。この変化は自然なことです。でもそのたびに、似合う服が減り、体を隠す服を選ぶようになり、着られる服の種類が狭くなっていくのは悲しいことです。

大人になるほど諦めることが増えていく中で、ひとつでも諦めることが少なくなるよう、ぜひこのたるみを防ぐマッサージを始めましょう。

用意するのは、フェイスタオル一枚です。

肩幅に脚を開き、まっすぐに立ちましょう。タオルの両端を持ち、まっすぐ前に手を伸ばします。そのまま、前から頭のてっぺんを通って、後ろに手を大きく移動させます。このとき、肩甲骨がしっかり深く動くように手を動かします。肩ができるだけ上がらないよう注意し、手というより肩甲骨で腕を動かすイメージです。これを毎日30回行いましょう。

また、面倒な人は、仰向けになって背泳ぎをするように手から肩を大きくまわすだけでもいいでしょう。このときも肩甲骨を意識しましょう。

肩甲骨周りをやわらかく保てば、バストや背中、そしてヒップも引き上がります。**肩甲骨は重要な部分を引き上げるサスペンダーのような役割を持っています。**だからこそ、肩甲骨を動かしましょう。肩甲骨周辺には褐色脂肪細胞があり、これを刺激して活性化させると、脂肪を燃やす効果もあります。

まだまだ若いから大丈夫と思っていても、スマホやパソコンを使いつづけていると肩が前に入りこみます。すると肩甲骨がこり、埋もれてしまって「体のおばさん化」が始まります。肩甲骨という、体のサスペンダーを鍛えましょう。

美人に見える服シリーズ

とろみシャツ

ただそれを着るだけで美人に見える服があります。

まず、いい女に見える代表は、とろみシャツ。

とろんと体に溶けるようによりそい、触れても見ても柔らかい、まさに女性らしさのかたまりのようなアイテムです。

嫌味なく体のラインを浮き立たせ、落ち感のある素材だから、細く見せたい部分は実際より細く見せるし、肩先の形をとても綺麗に見せるから、すべての骨格が美しい人だと錯覚させます。また、ボリュームを見せたいバストも、ふんわり大きく見せてくれます。襟元をしっかり締めても十分女っぽいし、2つほどボタンをあけたりするのも生地に品があるから清楚な女っぽさがでます。

中でもオススメは、ボウタイがついているものとノースリーブです。ボウタイはバストのボリュームを増して見せます。首元にもボリュームができるから、顔や肩がほっそり見えるのもいいでしょう。

ノースリーブは、とろんとした生地の女らしさに二の腕の生な質感が加わり、これもまた女っぽさが際立ちます。

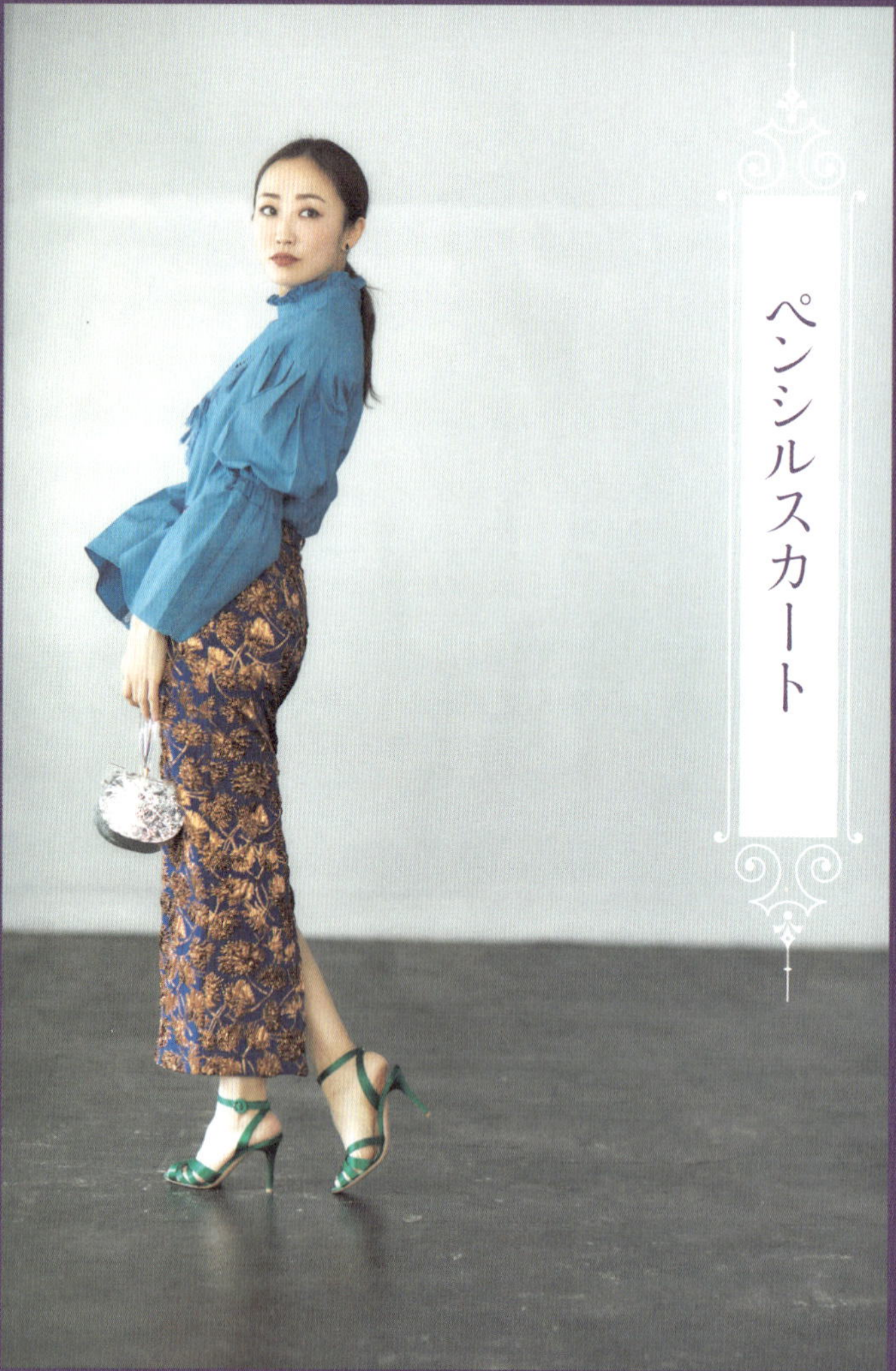
ペンシルスカート

ペンシルスカートも、武器として持っておきましょう。

ペンシルスカートがつくりだすのは、きゅっとしまったウエストと、そこからのヒップの曲線です。女性だけが持つ丸みを、この上なく美しく浮き彫りにしてくれます。このスカートがすごいのは、すっと膝に向かってすぼまることで、さらにヒップを際立たせること。そうすると、脚が細く長く見えます。

見えるふくらはぎも普段の服よりも数段女っぽく、足首だって細くしまって見えます。**足首の細さは、バストやヒップに並んで男性がぐっとくるパーツです。しっかりしめて見せたいところです。**

ペンシルスカートを選ぶポイントは、とにかくヒップの位置が低くならないものです。せっかくスタイルを良く見せてくれるものなので、ヒップの曲線も下になりすぎないものにしましょう。ウエストもすっきりジャストサイズを。

ペンシルスカートには、高めのヒールを合わせると、ラインがさらに美しく際立ちます。7・5センチから10センチまでのヒールは、筋肉を使うので、お腹に力が入り、ヒップもよりきゅっと見せ、足首もさらに締めます。160センチ以下の人は背を高く見せるとバランスが美しくなるので、ヒールは特にマストです。

フレアスカート

フレアスカートも「いい女」の体を手に入れられるスカートです。

選ぶポイントは、ボリュームがあるスカートです。ボリュームがあるほど、ウエストが細く見えます。

そして、このスカートを履くときには、オフショルダーや袖にボリュームのあるトップスを着ると、**ウエストがより細く見え、また、メリハリができて格段に女っぽく美しい体つきになります。**バストも大きく見えます。ゴージャスに、華やかに見えるコーディネイトです。

反対に、トップスをすっきりしたものや体に沿うリブ素材のものにするとバストの曲線が美しく見えます。上をすっきりさせるとスタイルがよく見えます。

ハイライズパンツ

パンツなら、ハイライズのものを持ちましょう。ヒップを綺麗に見せながら、腰の位置を高く、脚を長く見せます。

ウエストがジャストサイズのものを必ず選んでください。フィットするものを選ぶことで、さらに脚を長くまっすぐ綺麗に見せてくれます。ジャストなウエストを選ぶと、「ウエスト」に意識が向くから、体型維持のモチベーションも発揮してくれます。ただ、パンツは「お尻」で履きこなすもの。垂れてしまった平坦なヒップだと、本来の効果が半減してしまいます。日頃からガードルを履き、垂れないケアをしましょう。

ぜひ日課にするといいのが、お風呂上がりに脚のつけ根から腰にむかって、手のひらで肉を引き上げるようにするマッサージです。63ページを参考に行ってください。

ジャケット

最後に、ハンサムなジャケット。これは、最高に女っぽくみせてくれます。

レースやフリルなどが入ったフェミニンなデザインではなく、シンプルなものにしましょう。かちっとしたハンサムなものがいちばんです。ただ、生地は厚すぎないものがいいでしょう。

これをとろみシャツや、やわらかな素材のワンピースなど、「女っぽい」服に合わせたときの「格別ないい女」の空気は、ジャケットにしか出せません。

ジャケットは、手を通さず肩にかけるとさらにいい女の匂いが濃くなります。肩にかけることで肩幅が広く見えるから、顔との差がでて顔が小さく見えるし、こなれた感じも出ていいことずくめ。

手を通す場合は、袖をまくったり、引き上げたりして手首を見せると華奢さがでます。

老化を防ぐ スキンケアをする

スキンケアのときに、自分の顔の特徴を知っておくと、老化の悩みに先手を打つことができます。

見るべきポイントは自分のあごです。

あごがしっかりあって、四角い形をしているなら、将来フェイスライン全体がたるみ、さらに四角く台形のような顔になるでしょう。二重あごにもなりがちです。日頃からマッサージで顔のコリやむくみをとりのぞき、顔の中に重さをためないようにします。引き締めの美容液やクリームを選びましょう。

あごが小さい人なら、頬の肉が下へ下へ落ちほうれい線がくっきりと目立つはずです。このタイプは、とにかくシワを防ぐ部分用の美容液を早めに取り入れます。弾力も落ちないようハリのでる美容液やクリームを選びましょう。

また、自分の母親か父親の、骨格が似ている方の顔を観察すると、これから現れるであろう自分のエイジングサインを知れますので、ぜひ親の顔をしっかり見てください。

老けないためには歯茎

「歯茎」は顔を変えます。年齢や磨き方でたるんだり、くすんだりします。そうなると、顔が老けたり、不健康に見えたり、不潔に見えたりと、顔から品を奪うので気をつけたい部分です。どれだけ顔や服が綺麗でも、口元が汚ければ、印象は「品のない女性」になってしまいます。

歯茎は、毎日の歯ブラシの時間についでに育てて、いつもきゅっとしまったピンクの歯茎でいましょう。必要なのは、歯ブラシ1本と指です。

大切なのは、ブラシの角度です。歯の表面を磨くというより、歯ぐきと歯の隙間にブラシを斜めに差し込むような角度であて、ミリ単位で、左右に小刻みにブラシを動かし汚れをかき出していきましょう。そうやってすべての歯を磨いたら、今度は中指の腹で歯ぐき部分にくるくると螺旋をえがくように圧をかけマッサージをします。内側は親指の腹を使うとやりやすいです。

これを夜1回でもいいから毎日行いましょう。**もし今くすんだ歯茎をしていても、これを1週間続けるだけで見違えて綺麗な歯茎になります。**健康な歯茎になることで、歯の隙間に食べ物もつまりにくくなります。

口の筋肉を使っていないと20歳から老ける

「老けた」印象は顔がつくります。そして老けた印象を少なくしたいなら、口まわりを鍛えることです。

口は口輪筋という筋肉で囲まれています。この筋肉は顔全体の筋肉とつながっていて、顔の老化の7割を握っていると言われています。**この筋肉を放置したり、使っていない人は、20歳から、年齢に関係なく顔がどんどん老けます。**老けて怖いことは、なんだか意地悪で、幸が薄そうな表情に見えることです。おとぎ話でも、可愛いプリンセスに意地悪するのは、大抵ちょっと老けた綺麗なオバさんです。

頬はきゅっと上がり、フェイスラインもすっきり、幸せそうな顔に見えるように、口まわりを鍛えましょう。そのためにいちばん簡単にできるのは、よく笑い、よく話すことです。口を大きくはっきりと動かすことがポイントです。

大きく口をあけて笑う、はっきりとした動きで言葉を話すことで、口まわりの筋肉は刺激されます。話す内容も大切。意地悪な言葉は、フェイスラインや口角、頬も自然と意地悪な動きになってしまいます。また、どんなときでも、口角をきゅっと上げておくのを意識すること。お腹を引っ込めて過ごすとお腹の筋肉が鍛えられ、細くなるのと同じように、口角も鍛えられます。

口まわりを鍛えるマッサージも行いましょう。

テーブルに肘を置き、肩幅より大きく開きます。両手のひらを口元に寄せ、ヤッホーをするように手を添えます。手は、ほうれい線の上にのるようにします。そのまま親指を、あごの下にぐっと入れ、人差し指を目頭にくるようにぴたりと顔に当てます。そのままテーブルと平行になるよう顔を下げます。このとき手に頭ごとの重みをかけるようにすると、口まわりからほうれい線にかけ、綺麗に圧がかかって効率がいいです。

これを、1回5秒、2回繰り返します。

次に、正面を向き、薬指と中指の腹で唇のまわりを押していきます。下唇の下、口角の横、上唇の上をプッシュし圧をかけます。3秒ずつ2周します。

最後にこぶしをにぎります。そして、口をあけ、指の第二関節を、頬と口角の真ん中くらい（口を開けると動く箇所）に入れ込みながら、拳を上下に動かしごりごりと圧をかけながらほぐします。これを10回行います。

ぜひ、スキンケアのときに一緒に行ってください。クリームやオイルをたっぷりぬり、肌をこすらないようすると完璧です。

肌が柔らかいかかたいかでも、これからのエイジングが分かります。頬を押して、肌にしっかりとした厚みや硬さを感じるなら、エイジングは肌に比較的でにくい人です。押したとき、柔らかくてとろんとした触り心地なら、たるみやシワが目立ちやすい人なので、早めにエイジング美容液やクリームを使い、量もたっぷり使用するようにしましょう。

バストとヒップとほっぺがたるむ

年齢を重ねると、体のいたるところがたるみます。歯茎から膝まで、そんなところまで？ と思う部分まで、ほとんどの部分がゆるみ、形を変えていきます。

中でも、変化が鮮明で、似合う洋服を変えていく部分があります。**それが、「バスト」「ヒップ」「頬」の3つ。**これらに共通するのは、脂肪が多く、柔らかく、丸みがあるということ。この条件があると、垂れやすく、下へと流れやすくなります。

私がもし、30年前の自分に伝えられるなら、「ブラとガードルは毎日ぜったいにはきなさい！ たるみ防止の美容液も毎日ちゃんと顔に塗ること！」と言いたいです。みなさんも、ぜひ今すぐ行ってください。

ブラは、起きているときだけでなく、寝るときもナイトブラで形がくずれないよう支えましょう。ヒップも昼はガードルを履いて、冷やさず、揺らさず、温めながら形をキープします。「揺れる」と形が崩れるので、揺れないようにしましょう。

運動など、ヒップやバストを日常的に「揺らす」なにかをしているなら、スポーツブラやインナーで揺れないよう対策をしましょう。また頬も、たるみなどが気になる前から、早めにエイジング対策を始めておけば、歳を重ねるごとに成果として現れます。**たるみケアの美容液には投資しましょう。**

肌を美しく育てる手になる

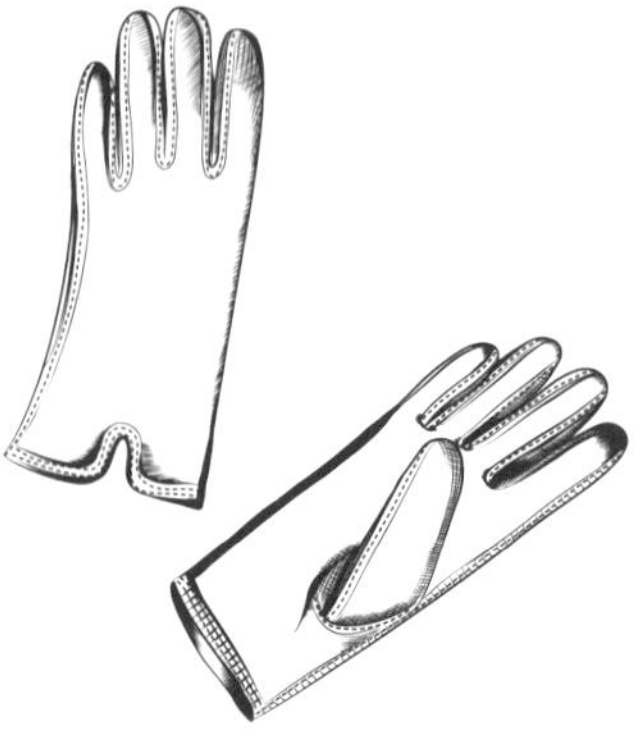

綺麗を生むのは「手」です。器用や不器用は問題ではありません。あなたの手の質は、綺麗を生み出せるでしょうか?

目標とすべきは、肌あたりがよく、柔らかく、肌を傷つけない手です。ハンドクリームはこまめに塗りたいものですが、手の荒れに悩む人は、オイルもおすすめします。このふたつで、柔らかさとハリを保てます。方法は簡単、オイルを塗りこんだら上にクリームを重ねるだけです。オイルは肌用であれば何でもOKです。また、酵素洗顔の際に、残ったものを手に広げると、角質ケアがついでにできます。

そしてこれが何よりも重要なのですが、爪をなめらかに保つこと。たとえば、寝ている間、無意識に体を掻いてしまったり、マッサージ中に爪の痕がついたり、シャンプーで頭皮に傷がついたりなど、爪が美容の敵になることがあります。なによりも、傷つけない爪を持ちましょう。

薄かったり、乾燥でダメージがあると爪は鋭くなります。やはり基本はネイルオイルやクリームでのケアですが、ジェルネイルやぷっくりと爪をコーティングするネイルを爪の表面はもちろん、側面にも忘れず塗りましょう。唇の皮をむいてしまう癖や、掻いてしまう癖、目をこすってしまう癖などを持つ人にもいいです。

家の中に「綺麗が育つ」道をつくる

綺麗には、「育てる時間」と「使う時間」があります。日々綺麗を更新、進化させるためには、使う時間より育成する時間が多くなければなりません。

綺麗を使うというのは、育てた肌や顔を披露する時間。外に出るときや人と会うときがその時間です。

育てる時間は、大抵の人なら、夜と朝のスキンケアの時間の2回です。そう、私たちは、綺麗を使う時間のほうがずっと多いのです。何か手を打たなければ、老化のスピードも、肌が錆びつくスピードも加速していくばかりです。

だから、育てる時間を増やすことを大切にしましょう。エステやクリニックに行くなどではなく、普段の生活の中で増やしていくことが重要です。

いちばん無理なくできるのは、綺麗の動線を設けておくことです。

まず、スキンケアコスメと一緒に唇用の美容液も置いてスキンケアをするごとにリップセラムも塗ること。洗面台に置いて、手を洗うごとにしてもいいでしょう。

キッチンには、もちろんハンドクリームを置きましょう。**前項でお伝えした通り、手の荒れがひどいときは、オイルも置き、オイルを塗ったあとクリームを塗ると効果大です。**しかも、手を洗う前と後でオイルとクリームと両方を塗るとなおいいでしょう。ベッドサイドには、オイル、クリーム、ボディクリーム、リップセラムを置き、ベッドに入る前にクリームとリップセラムを塗りましょう。

ある友人は、トイレにも乳液を置き、いくたびにお尻と足のつけ根に塗り込んでいるそうです。そうすると、ヒップや足がいつも透明感と潤いに満ちているそうです。

リビングやダイニング、デスクなど、いるのが長い場所には、クリームや乳液をおき、乾燥が気になったら塗ります。ほかにも、ペンケースにリップやアイクリーム、ポーチに洗い流さないマスクや保湿バームなど、目につくところに入れておきましょう。こうして少しずつ育てる時間を増やすことで、綺麗が日々伸びていきます。どうしてもいくつも置けない人は、全身に使えるバームを置くだけでも効果が違います。

第 8 章

男

避けて通れないのが、異性です。
異性で転ぶ人はたくさんいます。
自分らしく生きていけるように、
素敵な人を選んでください。

モテる服とは、コンサバに少しだけエッジを足した服

正直、コンサバなファッションの方が好感を得やすく、「はずれ」が少ないです。ファッション誌でも美容誌でも、男性にアンケートをとると、上位は明らかなコンサバファッションになります。**でも、女から見ると面白味にかけませんか？**「コンサバティブ」の本来の意味である「保守的」のとおり、優しくて定番の服やメイクは、老若男女に嫌われることが少ないです。ただ、逆に言えば、あたりさわりのない、平凡な人になってしまいます。

実際に、モテる女はコンサバなのでしょうか？　モテる女たちを観察してみたところ、分かったのは、それぞれがみな「コンサバを自分色に少し変えている」ということです。基本はコンサバで、そこに少しエッジを立たせているのです。

たとえば、コンサバ代表「優しい色のカシミヤニット」にはマットリップを合わせる。「シルクブラウス」には、アイシャドウでぐるっと囲んだ目にする。「全身真っ白の女らしい服」にマゼンタの靴を合わせる。「清楚なワンピース」には、パイソンのバッグを合わせる。ちょっとエッジを足すと、それは「おしゃれ」になります。

ここで覚えておきたいのは、あくまでもコンサバファッションに、ひとつか、最大でふたつだけ、なにかエッジを取り入れることです。これが、最強のモテ服です。

寝顔が可愛く見えるには横を向く

寝顔を可愛いと思わせたくなったら、まず髪です。髪が柔らかく、顔やまくらを包み込むように広がってくれると、顔もとても可愛く見せてくれます。

寝顔を可愛く見せたい夜には、髪を洗ったら、乾かし、ヘアアイロンをかけましょう。32ミリのアイロンで軽くワンカールします。顔まわりだけで大丈夫です。こうすることで可愛く広がる髪が手に入ります。

また、美容師さんに、「ベッドの上でも色っぽく髪が動くよう」髪を切ってもらうのもいいでしょう。

寝方としては、まず顔は横向きがいいでしょう。口が開きにくいのもいいし、なにより正面の顔より横顔のほうが美人に見えやすいです。**あごを少しだけ引き、横向きになり、舌を前歯のつけ根につけましょう。**こうすることで、口元とフェイスラインがすっきり見えます。

美人になりたいなら上向きで寝る

寝顔が可愛く見える方法を知ったなら、綺麗を育てる寝方も覚えておかなければなりません。可愛く見える方法とは逆だからです。綺麗になりたいなら、上向きで寝ること。**横向きに寝ると頬の重みでシワが刻まれやすいけれど、上向きに寝ることでシワが刻まれにくくなります。**

また、まくらをシルクのものにしたり、シルクのスカーフを巻いて寝ると髪質がよくなります。

そして、顔から首まで、ベタベタになるくらいクリームを塗りたくって寝ましょう。髪は摩擦がおきないよう、すべて上にまとめるか、かるく結びましょう。これだけで、綺麗が急成長します。

可愛い寝顔と綺麗を育てる寝顔は使い分けてください。

異性とつき合うとはどういうことか

生まれ育った国とは違う国に留学するようなものです。

自分の常識とは違ったことに多々出合うはずです。

寂しい、辛い、苦しい、切ない。

わけがわからない思いや痛い思いもいっぱいするけど、新しい自分に出合えたり、自分がどういう生き物なのか知ることができたり、大切なこともたくさん知ることができます。

美人より「一緒にいて疲れない女」が勝つ

なぜかモテない人がいます。可愛いのに縁がない女。男はきれいないのに、振られる女。反対に、それほど綺麗ではないのに、幸せになる女がいます。

その違いを研究していたのですが、たどり着いた結論が、「疲れる女」か「疲れない女」かどうかではないかということです。

たとえば、自分のことしか話さない女、もっとかまってくれと「もっと」や「特別」ばかりをせがむ女、喜怒哀楽が舞台並みで生気を吸い取る女、自分に自信がなさすぎて「私なんて」が口癖の女。

こういう人は、男ではなくても疲れます。

たとえば、どんなものもおいしく食べて、特別な場所やことをしなくたって幸せそうな女。**要するに、「疲れさせない女」がモテます。**あなたが「疲れる女」に会ったら観察してみてください。反対に「心地いい女」からは、その要素を盗みましょう。

和服を着られる女はいい女だと思いませんか？
ちょっとしたときに、日本の美を美しくまとえる人でいましょう。

いい男はタクシーで見わける

どんなに条件が「いい男」でも、大切にしてくれる人でないと、幸せになれません。世の中には、怖い男がいっぱいいます。やさしいフリをする詐欺師やモンスターが、想像以上にたくさんいます。幸せどころか、平然と傷つけてきます。

簡単な見分け方は、一緒にタクシーに乗ることです。5回ほど乗りましょう。ドライバーに横柄だったり、攻撃的なら要注意です。パートナーへの接し方と同じです。

本当に優しい男は、心の中にヒエラルキーを持っていません。

パートナーを幸せにする男は、「優しい」人です。優しさは、何でも言うことを聞くとか、誰にでも感じがいいとは違います。「人を上下関係や、地位で見ない人」は、強くて優しいです。もしかして、せっかくそんな人を見つけても、「もっとお金も地位もあって、おまけに優しい人がくるんじゃないか」とあわよくば、が消えないかもしれません。**でも、忘れないでください。優しい人だけが、幸せにしてくれるのです。**

おわりに

昨晩、ある食事会がありました。そこで、美容界の最前線を走り続ける人々とたくさんお会いしましたが、この道30年を超える、髪の先からつま先まで美しい先輩がたを見て、「女性の希望、光だな」と思いました。

年齢と見た目の話になったとき、ある言葉にはっとしました。

それは

「神崎さん、美容界って竜宮城なんですよ」

という一言。

この業界に生きる人たちは、みな年をとらない、老けない、ということを浦島太郎の竜宮城にたとえたのです。

実際、ここにいる人たちの年齢と見た目のギャップがものすごく、私より10、20年先を生きる女性のツヤのある美しさは、目を疑い、感動さえします。

この話を聞いて、きっと大半の方が、「それは美容業界にいるからでしょう。いい化粧品を使って、いいクリニックに行き、お金をかけているからでしょう」というかもしれません。

でも、本当の老けない理由は、そこではありません。

もちろん、最先端の情報はキャッチしやすいですが、ここにいる人たちはみんな、締め切りなど時間に追われ、ストレスや寝不足と戦う日々です。自分の時間なんて見つけるほうが難しいほどの毎日のなか、どうして年齢に流されることなく輝いていることができるのでしょうか?

その正体は、知識と行動、そして意識です。

女性として美しくいたいという意識、そして、それにはなにが重要で、どんな方法があるのかを知ること、そしてそれを、すぐ試す力だと確信します。

美しさへの工夫や行動は、確実に自分を綺麗にしてくれます。

綺麗は、女性の希望です。

心を晴れさせ、強く、たくましく、そして鮮やかに生きるための力。

だから、綺麗になることを、否定せず、前向きに楽しみ、美容を毎日の中に取り入れましょう。

正直、女の生きる道は、平坦ではありません。

棘があり、砂利があり、落とし穴や崖だってある。

だからこそ、そんな難しい場面も、ひょいっと飛び越えることができる力を持ちたい。

そのほうがずっと生きる道は楽しく、明るいものになります。

今も、5年後、10年後、20年後も、そのときどきに、いつだって「今の私ってなんかいいじゃん」と思えるように。

この世でいちばん美しいのは、「自分を楽しむ人」だと思います。

この本が、これからの自分を楽しむきっかけになることができたら、とてもとても幸せです。

いつも書籍を楽しみに待ってくださるみなさま。

一緒に走ってくれた最愛なるスタッフのみなさま。

そして、わたしの希望であり、力である3人の息子、家族に愛をこめて。

神崎　恵

SHOP LIST

アガット	0800-300-3314
アプレドゥマン	03-6274-8533
imac	03-6458-6656
VelnicaRoom	03-6323-9908
H3Oファッションビュロー	03-6712-6180
エスエムオー	03-3459-6708
EDIT.FOR LULU (ベイクルーズ カスタマーサポート)	0120-301-457
カドー伊勢丹新宿店	03-3351-5586
サザビーリーグ	03-5412-1937
THE Dallas lab.	03-5491-7331
CITYSHOP	03-6696-2332
STAIR	03-5465-2077
CELFORD 新宿ルミネ1店	03-6279-4750
DORIAN GRAY	03-3481-0133 www.dorian-gray.net
ナラ カミーチェ 青山本店	03-3479-8954
ノジェス	0800-300-3315
Bilitis	03-3403-0320
MANOUSH DAIKANYAMA	03-3476-2366
ラ・クチュール トーヨーキッチンスタイル	03-5778-3720
リ デザイン	03-6447-1264
ル・シャルム・ドゥ・フィーフィー・エ・ファーファー	03-5774-0853

FASHION CREDIT

P6、195　ニットワンピース／H3Oファッションビュロー(KLOSET)　レースヘッドアクセ／エスエムオー(カリン)
カバー、P9、119グリーンワンピース／VelnicaRoom(Velnica.)　ヘッドアクセ／エスエムオー(カリン)　ピアス／スタイリスト私物
P21　イヤリング／DORIAN GRAY　トップス／スタイリスト私物
P38、151エコファーコート／MANOUSH DAIKANYAMA(MANOUSH)　デニムオールインワン／EDIT.FOR LULU　リング／カドー伊勢丹新宿店(カドー)
P52、74 スカート／CELFORD 新宿ルミネ1店　ピアス／CITYSHOP(ケネス ジェイ レーン)　トップス、ハット／スタイリスト私物　ソックスブーツ／本人私物
P54　Tシャツ／サザビーリーグ(マザー)　刺繍スカート／ラ・クチュール トーヨーキッチンスタイル　クラウン,手につけたリボン／スタイリスト私物
P78 ニットカーディガン／EDIT.FOR LULU　ピアス／カドー伊勢丹新宿店(カドー)　スカート／スタイリスト私物
P80　キャミソール／リ デザイン(エズミ)　グローブ／スタイリスト私物
P86 ニット／サザビーリーグ(デミリー)　レーススカート／ル・シャルム・ドゥ・フィーフィー・エ・ファーファー(Lily)　パールピアス／H3Oファッションビュロー(CAR2IE)　つけ襟／スタイリスト私物
P89、236　ブラウスにつけたブローチ／imac　ブラウス,スカート／本人私物
P102、221イエローオールインワン／アプレドゥマン(トロワズィエムチャコ)　ピアス／ノジェス　リング／アガット(アガット・アンドメモリア)
P104、234　ブラウス／STAIR　クリアBAG／DORIAN GRAY　クリアイヤリング／アガット　スカート,サンダル／本人私物
P127,176　チュールトップス／EDIT.FOR LULU(フィフィ シャシニル)　スカート／ラ・クチュール トーヨーキッチンスタイル　ヘッドドレス／DORIAN GRAY
P128　レースワンピース／CELFORD 新宿ルミネ1店　チュールスカート／Bilitis(Bilitis dix-sept ans)　イヤリング／THE Dallas lab.(THE Dallas)
P130 花柄トップス／アプレドゥマン(トロワズィエムチャコ)　ベルト／EDIT.FOR LULU(メゾン ボワネ)　イヤリング／imac　スカート／本人私物
P152 ピアス／THE Dallas lab.(THE Dallas)　ドレス／本人私物
P175、180　フリルブラウス／ナラ カミーチェ 青山本店(ナラ カミーチェ)　イヤリング／imac　スカート／スタイリスト私物
P238 ボウタイブラウス(バウム ウンド ヘルガーテン),巾着BAG(ズゥー)／EDIT.FOR LULU　イヤリング／ノジェス　デニム,サンダル／本人私物
P257 ドレス／スタイリスト私物

STAFF

book design
矢部あずさ(bitter design)

photo
金谷章平

hair
津村佳奈(Un ami)

styling
コギソマナ(io)

edit
中野亜海(ダイヤモンド社)

exective producer
谷口元一(株式会社ケイダッシュ)

［著者］
神崎 恵（かんざき・めぐみ）
1975年生まれ。美容家。
３児の息子の母で、長男は大学生。アイブロウ／アイラッシュデザインのディプロマ取得。何気ない日常から特別な瞬間まで、あらゆる場面での女性の美しさを叶える応援をしている。
ひとりひとりに合わせたメイクやビューティスタイルを提案するアトリエ「mnuit」を主宰しながら、美容誌をはじめ、幅広い世代の雑誌で連載を持つ他、全国各地にてイベントやメイク講座も数多く行っている。また、いくつものコスメブランドのアドバイザーを務め、女性を美しく導くアイテムの開発、プロデュースなど活動の幅を広げている。
自らあらゆるものを試し、本当にいいと思ったものだけをすすめる、というスタンスが世代を問わず支持されている。主な著書に『読むだけで思わず二度見される美人になれる』（KADOKAWA）他多数、累計発行部数は122万部を超える。多くのファンにカリスマ的な人気を誇る。
blog https://ameblo.jp/kanzakimegumi/
Twitter @megumi_kanzaki
Instagram @megumi_kanzaki

この世でいちばん美しいのはだれ？

2019年４月３日　第１刷発行
2019年４月19日　第２刷発行

著　者――――神崎 恵
発行所――――ダイヤモンド社
〒150-8409　東京都渋谷区神宮前6-12-17
http://www.diamond.co.jp/
電話／03･5778･7234（編集）　03･5778･7240（販売）
ブックデザイン―矢部あずさ（bitter design）
校正――――――加藤義廣（小柳商店）
DTP　―――――キャップス
製作進行―――――ダイヤモンド・グラフィック社
印刷―――――――加藤文明社
製本―――――――ブックアート
編集担当―――――中野亜海

ISBN 978-4-478-10698-3